レジリエンス経営革命シリーズ

レジリエンス経営のすすめ

〜現代を生き抜く、強くしなやかな企業のあり方〜

松田 元 著
アズホールディングス株式会社 代表取締役
一般社団法人 レジリエンスジャパン推進協議会 編

コミュニティ・ブックス
日本地域社会研究所

はじめに

平成28年2月。政府の内閣官房国土強靭化推進室において、「国土強靭化貢献団体の認証に関するガイドライン」が制定された。目的は、国土強靭化の趣旨に賛同し、事業継続に関する取り組み（ＢＣＰ、Business Continuity Plan）を積極的に行っている事業者を「国土強靭化貢献団体」として認証することであるが、これに基づき同年４月に「レジリエンス認証」制度がスタートした。

国土強靭化は、災害に強い国づくりを目指して、平成24年12月、現在の安倍晋三政権が誕生した際の政権公約として位置づけられ、同政権誕生と同時に国土強靭化担当大臣及び内閣官房国土強靭化推進室が創設された。

古屋圭司初代国土強靭化担当大臣のもと、国土強靭化政策の大きな骨格づくりが行われたが、まずは国土強靭化をナショナル・レジリエンスと訳し、産・学・官・民の叡智を結集することで、強くてしなやかな国づくりを目指していると再定義された。

これまで災害対策といえば防災、という概念が既に定着していたが、防災が災害という有事に備えておく、ということであるならば、強靭化（レジリエンス）は平時に強靭な体質をつくっておくことで、有事に被害を最小にするという概念であり、これは平時・有事の両方に効力を有する。

こうした国土強靭化政策は法的にもしっかり位置づけられた。

はじめに

平成25年12月、国土強靭化基本法が国会で成立。総理を本部長、すべての閣僚が本部員という、オール省庁体制で取り組む枠組みが作られた。そして平成26年6月、国土強靭化基本計画が閣議決定され、同時に地方公共団体の強靭化計画となる地域強靭化計画策定ガイドラインが作られた。また、この基本計画に基づき、民間の叡智を結集して強靭な国づくり、地域づくり、企業づくり、生活づくりを目指す一般社団法人レジリエンスジャパン推進協議会も設立され、まさに産・学・官・民のオールジャパンでナショナル・レジリエンスを進める枠組みができ上がったのだ。

こうした背景もあり、国の財政もひっ迫する中でとりわけ企業等、すなわち官の投資のみならず、民間の投資でどれだけナショナル・レジリエンスに貢献できるのかが極めて重要な要素となった。いわば企業自体が積極的にナショナル・レジリエンスに貢献していく仕組みを作っていくこと、それが「レジリエンス認証」制度だ。

こうした政府の取り組みの一環であるレジリエンス認証は、大企業のみならず、中小企業・個別事業者まで含め、幅広く民間におけるＢＣＰ推進に資することであり、事業継続に関するリスクマネジメントやオペレーションを促進させていく、まさに企業をレジリエントにしていく制度である。

災害の多い我が国において、「レジリエンス」というキーワードのもと、国土強靭化の重要性が企業・各種団体に再認識され、国策として有事の対策が普及されていくのは喜ばしいことである。

気象庁はウェブサイト上に、「東海地震発生の切迫性」と題する記事を掲載し、大規模震災の注意喚起を行っている。我が国は、その位置、地形、地質、気象などの自然的条件から、台風、豪雨、豪雪、洪水、土砂災害、地震、津波、火山噴火などによる災害が発生しやすい国土であることは誰もが理解していることだろう。

阪神淡路大震災、東日本大震災、熊本地震を例に取るまでもなく、想定を超えた有事がいつ起こるか分からない。だからこそ企業や各種団体は、有事に備え、備蓄や災害対策マニュアルの整備をはじめとする様々なバックアッププランを構築している。強くしなやかな国をつくる上で、事業者が連帯し、レジリエンスという新たなキーワードに即した事業継続に関する取り組み（BCP、Business Continuity Plan）を推進することは大変有意義であり、それは企業経営におけるレジリエンス性強化にも大いに貢献するものだ。

本書のタイトルは、『レジリエンス経営のすすめ』である。いつ何が起こるか分からないカオティックな現代社会において、強くしなやかな経営とは何か、を議論することを本書の目的としている。詳細は後述に譲るが、レジリエンス経営において、レジリエンス認証制度が、極めて重要なベースになることは言うまでもない。

今般制定された「国土強靭化貢献団体の認証に関するガイドライン」には、認証の具体的基準として、ＢＣＰの策定ならびに、策定したＢＣＰに対するＰＤＣＡの機能性が、コアな要件として定義されている。ＢＣＰについては、中小企業庁、国土交通省といった各省庁の有識者間で、横断的な議論が重ねられてきており、その有効性について十分な検証がなされていると考えられる。したがって、ＢＣＰそのものの有効性、その是非を本書での議論対象とはしない。本書ではむしろ、そのマネジメント、オペレーション、そしてＰＤＣＡ、こうしたＢＣＰを土台とする前提において、その土台の上にどのようなレジリエンス経営を築くのかについて議論していきたい。

そもそもビジネスとは、何かを成し遂げる手段だ。どの事業体も社会に対する何かしらの思い（理念）や志があり、その思いを実現させる手段として、ビジネスが存在する。そして社会は常に変わる。社会をとりまく技術も変わる。理念を実現させるためには、事業体も変化に対応していかなければならない。外的要素が問答無用に変化を繰り返すカオティックな社会において、改めて社会と自社事業との接点に向き合うことは、レジリエンスな経営につながる。

ＩＴ企業を例に取ろう。東京都内にある物理サーバーがダウンした場合、福岡県にあるバックアップ用のサーバーを整備しておく。これはＢＣＰとしてみれば適切なプランだ。しかし、今やクラウド技術、シェアリングエコノミー全盛の時代である。サービス理念を実現するなら、そもそも物理サーバーを設置するのではなく、サーバーをクラウド化させておく、というのも立派な有事対策であり、それは平時にもコストダウンというメリットにつながる。現行のビジネスモデルを前提としたＢＣＰのＰＤＣＡではなく、理念追求から導く、ビジネスプロセスそのものの見直しの結果として、あるべきＢＣＰ、ひいてはレジリエンス経営が導きだされる。

あるいはコールセンターの企業でも良い。国内各拠点にコールセンターを分散展開しておけば、有事のリスクヘッジにはなる。ＢＣＰにそのプランを策定しておくことは有効だ。しかし、いつ何が起こるか分からない時代に、全てのコールセンターを自前で設置する必要性はどれほどあるだろうか。国の境界線すらなくなり、ＩＴ技術で即座に全世界とつながる現代社会である。自前の整備より、随時発注できる外部パートナー企業と連携しておく、という経営意思決定をし、自前のコールセンターは最小化させておくことも立派な有事対策であり平時対策でもある。

従来のＢＣＰが現行事業を前提として対策を打つ〝現在型〟の対策だとすれば、企業のあるべき姿から逆算して事業の在り方を導く理念追求型の施策は、〝未来型〟のＢＣＰだと言える。どちらが良いという話ではない。両方必要である。今の事業に対するＢＣＰとその見直し、そして、未来の社会変化に対する自社の事業体そのものの検証（あるべき姿の追求）。この２つが重なることで、より強くしなやかな、レジリエンス経営が実現すると言える。

Wikipedia によると、レジリエンスとは次の定義がなされている。

――「精神的回復力」「抵抗力」「復元力」「耐久力」などとも訳される心理学用語である。心理学、精神医学の分野では訳語を用いず、そのままレジリエンス、またはレジリアンスと表記して用いることが多い。「脆弱性（vulnerability）」の反対の概念であり、自発的治癒力の意味である。

（Wikipedia より一部抜粋）

説明を見る限り、どうやら単なる強さ、というわけではなさそうだ。脆弱性の反対概念、というのが最も理解しやすいかもしれない。敢えて定義するなら、しなやかな強さ、とでも言おうか。武道で言うと、外部の力を利用する合気道のようなイメージに近い。「レジリエンス経営＝強くしなやか（剛柔融合）な経営」、と言われると少しニュアンスが近くなる。

政府がスタートさせたレジリエンス認証制度は、今後のレジリエンス経営を考える上で、極めて重要な一歩と言えるだろう。このレジリエンス認証制度をベースとしながら、現実的にワークするレジリエンス経営を、企業ビジョンの原点に立ち、再構築していく。本書が、その実現に少しでもお役に立てれば本望である。

目次

第1章
レジリエンス経営とは

レジリエンス経営とは、現行事業のＢＣＰ・ＢＣＭ

ＢＣＰ（Business Continuity Plan、事業継続計画）は、企業が自然災害、大火災、テロ攻撃などの緊急事態に遭遇した場合において、事業資産の損害を最小限にとどめつつ、中核となる事業の継続、あるいは早期復旧を可能とするために、平常時に行うべき活動や緊急時における事業継続のための方法、手段などを取り決めておく計画のことである。緊急時に倒産や事業縮小を余儀なくされないためには、平常時からＢＣＰを周到に準備しておき、緊急時に事業の継続・早期復旧を図ることが重要となることは言うまでもない。

１９８８年、米国銀行事務センターの火災ではＢＣＰのおかげで30分という時間で業務が復旧した。また、１９８９年、サンフランシスコ地震でも迅速な災害対応がなされ、復旧までに短時間で済んだＢＣＰの成功例もある。特に２００１年のワールドトレーディングセンターの２回目の同時多発テロでは、ＢＣＰによる迅速な対応で、世界的にその必要性が認知されたのである。

アメリカの成功例を基に、日本国内においても、２００５年に事業継続ガイドラインが内閣府、経済産業省、中小企業庁などから公表された。しかしながら、昨今の新潟中越地震、東日本大震災、熊本地震などの大きな地震の際には、その効果は十分に発揮されなかった。大企業では初動対応による事業継続がなされたものの、中小企業では事業継続ガイドラインの取り組みにすら至っていない会社も多く、復旧に時間がかかる会社も多かった。２０１６年3月に内閣府から公表された「事業継続計画の普及率」を見ても、２０１３年11月時点の調査ではＢＣＰ策定済みの大企業が54％、中堅企業では26％という結果が出た。参考までに、ＢＣＰを知らないと答えた大企業は全体の２％、中堅企業では全体の17％であった。２０１６年２月の調査になると、ＢＣＰ策定済みの大企業が60％、中堅企業では30％であり、全体数値は増加傾向になった。他方、ＢＣＰを知らないと答えた大企業は全体の１％、中堅企業では全体の７％まで減る結果となっていた。この調査から、ＢＣＰの取り組みは大企業を中心に少しずつ普及してはいるものの、中堅企業では普及率が低いことが窺える。一方、ＢＣＰを知らないと答えた中堅企業自体は全体の７％と少なくなっており、中堅・中小企業にとっても、ＢＣＰに関心を持たざるをえない状況が広がっているとみられる。

経営リソースの限られる中堅・中小企業にとって、ＢＣＰの策定は相応の負担となろう。ＢＣＰの知名度が上がりつつあるにもかかわらず、中堅・中小企業間の普及に至らない最大の要因は、日常業務に追われて策定する時間がない、人材がいない、そもそもＢＣＰの優先度合いを理解していない、等が挙げられる。ＢＣＰを知ることと、ＢＣＰの有効性を理解することの間には、大きな違いがある。ＢＣＰの普及率を高めるためにも、大企業のみならず、中堅・中小企業にも対象を広げ、名前や概念のみならず、ＢＣＰの有効性・機能性、その実態を知らしめる普及活動が急務であろう。

ＢＣＰと関連する概念として重要なのが、ＢＣＭ（Business Continuity Management、事業継続マネジメント）である。
これは、リスクマネジメントの一種である。ＢＣＭは、不測のリスクが発生した際、企業がいかに事業の継続を図り、取引先に対するサービスの提供の欠落を最小限にするかを目的とする経営手段全般を指す。ＢＣＭに基づき、でき上がった成果物がＢＣＰとなるのである。

カタカナやアルファベットが多くなってしまった。こうした説明を中堅・中小企業で話をすると、横文字ばかりが出てきて混乱をきたしてしまう。ましてやこの本のタイトルでもある「レジリエンス経営」とは何のことか、となりかねない。とは言いつつ、経営の概念上、日本語では説明しきれない箇所も多いのが、この領域である。多少のカタカナやアルファベットが登場するのはお許しいただきつつ、可能な限り平易な日本語を交えながら、「レジリエンス経営」について解説・議論を進めていきたい。

〝レジリエンス〟という言葉を聞いたことがある方はどのくらいいらっしゃるだろうか。初めて聞くという方も多いと推察する。最近は「レジリエンス」という言葉がマスメディアで登場していることが多くなっているので、聞いたことがある方もいるかもしれない。初めに、この聞き慣れない〝レジリエンス〟という概念について、説明していきたい。

前述したように、政府の国土強靭化（ナショナル・レジリエンス）政策においては、レジリエンスは、〝大規模な自然災害や強いストレスなど、外部からの圧力に対して、決して抗うことなく反発力を利用し、しなやかに体制を整えていくことができる力〟である。これには、有事対策のみならず、平時にもメリットをもたらすことを目的とする意図も含包される。変化の多い現代社会、限られた財政状況下で経済の成長を促進していくためにも、レジリエンスは、今後、最も必要とされる概念であろう。レジリエンスを言い換えると平時における象徴力・抵抗力、有事における回復力・土壇場力・サバイバル力とも言えるかもしれない。

日本のＯＥＣＤの加盟50周年、日本が議長団を務める閣議理事会において、岸田文雄外務大臣が「レジリエントな経済」を新たな目的に掲げた。同時に、企業経営者にとっても、「レジリエンス」がとても重要であるという考え方も示され始めた。

２０１３年1月に開かれた世界経済フォーラム、通称ダボス会議におけるメインテーマは、「レジリエンスダイナシズム」であった。当会議では「逆境におけるリーダーシップ」「経済のダイナシズムの回復」「社会のレジリエンスの強化」、以上３点の要素が議論された。まさに、企業経営における最重要キーワードが「レジリエンス」であろうと議論されたのだ。

平時においては、大きく変化する時代へしなやかに対応し、強く成長する力をつけていく。それが結果として、有事（災害時）での様々な外的ストレスを緩和し、被害を最小にして、更に復元力を最大とする。これがまさにレジリエンス経営の貢献だ。前述の通り、本書ではまず、「レジリエンス経営の在り方」に触れつつ、本質的な意味で「レジリエントな企業」になるにはどのようなエッセンスが必要なのか、多角的に議論していきたい。

レジリエンス経営、その本質とは？

「レジリエンス経営」の本質を考えるにあたり、まず、「レジリエンス経営」の在り方について具体的な検証をしたい。

前記の通り、レジリエンスはその概念上、ＢＣＭやＢＣＰと近似している。しかし本質的には異なる。ＢＣＭやＢＣＰが、現行事業を前提としたバックアッププランであるのに対して、レジリエンス経営は、そもそも論に回帰する。事業の成り立ちから社会との接点を振り返り、事業体を本来あるべき姿に戻す。現行事業を前提とするＢＣＭ、ＢＣＰと異なり、平時にもメリットがあり、未来を見据え、事業をあるべき姿に導くのが、「レジリエンス経営」である。それでは、「レジリエンス経営」を実践する上で、何が重要なのか。

まずは、事業理念の追求から逆算した、ビジネスプロセスそのものの見直しである。変革する社会に合わせ、自社のプロセスを振り返り、自社の現状とあるべき姿を比較する。あらゆるリスクを想定し、対応できる組織にする。そして不必要なものは捨て、本当に必要なものを残すことで、どんな事業環境においても臨機応変に対応できるようにする。その際、本当に必要なものを残すには、自社がコアとするものを再確認する必要がある。そして自社がコアとするものを確認する上では、事業理念に立ち返り、ビジネスプロセス、そのあるべき姿に回帰する。そして自社における「ぶらしてはならない軸」とは何か。それを模索・検討し、現在のマーケット環境や社会環境と照合した上で、無駄のない組織づくりを行う。これがレジリエンスな経営、その実践に向けた第一歩である。

そもそも企業とは、経営理念に基づきあらゆる意思決定を執行する。経営理念とは、企業の存在意義や使命を普遍的な形で表した基本的価値観である。経営理念を通じて、経営者は「会社や組織は何のために存在するのか、何を目的とし、どのような経営を展開するのか」といった基本的な考え方をステークホルダーに知らしめる。従業員に対しては、行動や判断の指針を与える。こうした価値観に対し、従業員の共感が得られれば、企業内の求心力が高まり、働くインセンティブにもつながる。顧客も納得して購買を続け、株主は継続して株式を保有する。

このように、経営理念は企業文化の形成においても極めて重要な役割を果たしている。行動規範や成功の必須条件、経営姿勢、企業の存在意義など、企業のメッセージは状況に合わせ、ＣＩ（Corporate Identity）とも言われる様々な形で表現されるが、あらゆるメッセージは企業理念とリンクする。一般的に、企業理念は時代の流れを超えた長期的な視点で、社会（顧客）と従業員に関する考えを語ったものが多い。企業理念と良く比較される概念に、企業ビジョンというものがある。企業ビジョンは、経営理念で規定された経営姿勢や存在意義に基づき、ある時点までに「こうなっていたい」と考える到達点、つまり自社が目指す中期的なイメージを、具体目標に落とし込み、投資家や従業員や社会全体に向けて示したものだ。企業理念は企業ビジョンに比べより抽象度の高い概念であり、企業に関するあらゆる価値観は企業理念に帰結する。

企業は経営理念で規定され、経営理念は不変である。一方、企業経営の実態は日々外的環境の変化にさらされる。企業は後退と成長を繰り返す生き物という側面も持つ。

古くから創業している老舗の企業であっても、創業1年目の企業であっても、如何なる企業においても、組織は必ず個々の経営理念に基づく経営戦略で動いている。経営理念は不変であり、ぶらすことはあってはならない。

理念を維持し、そこに付帯すべき点として、守りの力（Defense）と攻めの力（Offense）、適応性（Adaptive）を加えていく。問答無用に変化する社会を受け入れる。そして、ぶらしてはならない軸を保持し、その軸に合わせて企業の在り方を変容させる。明確な意識を持ちながら企業のコアを強化していく。企業経営におけるレジリエンスとは、単に有事を想定し災害時のＢＣＰ／ＢＣＭを備えるだけではなく、平時も常に未来を読み、社会の激変を織り込むことで成り立つ。技術革新を前提に、「ぶれない軸」を保持しながらも、外的環境に過剰に左右されないビジネスモデルの変更・パラダイムチェンジをいとわない姿勢が重要である。レジリエンス経営には、変化を受け入れ、如何なる体制でもサバイブするイノベーション力が求められる。その意味で、レジリエンス経営は、「ぶれない軸」と変化に耐えうる「柔軟性」、この2つの要素に支えられていると言える。

これら2つの要素こそが、強くしなやかな企業づくり、「レジリエンス経営」の要となるのだ。

従ってレジリエンス経営においてまずすべきことは、「優先順位づけ」と「選択」である。言い換えれば、「コアプロセス」と「ノンコアプロセス」の棲み分けである。選択と集中を駆使し、必要なことにリソースを割く。理念から紡いだ「ぶれない軸」を守り、激変する社会に合わせて「柔軟」な体制を構築する。

有事のリスク評価を行った上で、優先順位づけに伴い、すべき重要業務を選定し、目標復旧時間を定める。災害時、１００％の事業継続は物理的に求められないので、達成可能な重要業務を目標復旧時間内に行うことを定義する。

また、選択として、社内や同業他社（グループ会社、ＯＣＭ、近距離や遠距離のお互い様連携など）と協力し、早期復旧戦略と代替戦略を定める必要もある。策定したＢＣＰを陳腐化させず維持継続するために、環境変化への対応、人事異動による担当者への引き継ぎの効率化、組織全体の能力向上が重要となる。レジリエンス経営の要諦である「柔軟性」を維持する上では、他社との連携が欠かせない。

企業努力によるレジリエンス体質の強化を行うことで、社内コミュニティが形成される。社内で人と人のつながりやコミュニケーションが広がり、企業全体に強い絆が生まれることにもなる。

今こそまさに、現行事業のＢＣＰ／ＢＣＭの理解を深めるとともに、ビジネスプロセスの根底からの見直しを図る企業努力を進め、レジリエンス経営を実践していくタイミングである。レジリエンス経営には、「ぶれない軸」と「柔軟性」、この両輪をワークさせることが大切である。特に日本は、長寿企業数が世界一の国である。そんな日本だからこそ、レジリエンス企業のコンセプトを、世界に冠たる第一人者として積極的に発信していくことが重要である。

最新テクノロジーをフル活用できる今、それをする必要があるのか？

経済のグローバル化が進み、デジタル革命による社会課題への意識が高まりつつある中、競争の源泉はモノからコトへと変化した。ビジネスの世界において、今や競争の土俵は、コスト・品質・効率だけではなく、ビジネスモデル自体の革新性、製品デザインやストーリー性、消費者の感動体験、社会的価値などへ移行しつつある。そうした〝全体の質〟がますます重視され、更には、機動的で野心にあふれた新興企業の台頭や３Ｄプリンターや自動運転などの技術革新、ナノテクノロジーを駆使した全く新しい製品やサービスの出現によって、外部環境が大きく変化している。

こうした時代背景の中で、企業経営者のあるべき姿は、予測が難しい環境変化を自らの事業・サービスに積極的に織り込み、組織や個人の個性やアイデア、多様な専門性や経験、その相互作用を活かす姿勢を持つことである。技術の発展には、まさに「柔軟性」が問われる。

ところで、緊急時や災害時には、前記したような最新テクノロジーは果たしてフル活用できるのだろうか。昨今、光ケーブルや衛星通信などの研究開発が進んでいるが、企業はそれをどのように活かし、災害時の緊急対応対策を構築できるのだろうか。

レジリエンス経営の要諦は、「ぶれない軸」と「柔軟性」であった。

レジリンス経営の側面で考えると、有事の際、その事象がまずライフライン、特に情報通信・交通といった「インフラへの影響」や、ヒト・モノ・カネ・情報などの「自社のリソースに対する影響」がどの程度なのか、事前に想定をイメージしておくことが肝要である。ラインやフェイスブックを駆使するにせよ、バッテリーが充電できる環境が整うか分からないし、そもそも電波が入るかも分からない。有事におけるインフラへの影響はレジリエンス経営の実践において極めて重要なファクターであり、あらゆるＢＣＭ／ＢＣＰの前提となる。

インフラ・自社リソースへの影響が具体的にイメージできたら、有事の状況下でも、重要商品を提供し続けられる、そのための必須経営資源を確保するための検討に入る。検討においては、平常時から、社会変化を見逃さないように、自社の理念と社会の方向性のズレを適正に修正しながら準備・実施をしておくことが重要であり、被害状況如何で通常の資材調達が難しくなる場合は、代替方法（社内や同業他社、グループ会社、ＯＣＭ、近距離や遠距離のお互い様連携など）の考慮も必要となる。有事に自社リソースだけで全て賄えることは理想論だが、現実には難しい。ここでも外部企業との連携がカギとなることが分かる。

そして、事前に取り決めておいた事業継続のための適切な行動が取れるように、緊急時の対応毎に責任者を整理しておく。初動対応、復旧のための活動など、有事には様々な活動が必要とされる。細部に至るまで、責任者を割り振ることが理想である。

リソースに限りがある場合は、最低限、全社対応に関する統括責任者を決めて、指揮命令系統・意思決定項目を整理しておく必要がある。何が重要で、何を優先的に守らなければならないのか。統括責任者は、日頃から災害時の行動チェックリストを頭に入れておき、有事にいつでもリストに沿った行動ができるよう心構えを設えるとともに、具体対策・整備を行っておくことが重要となる。

インフラに深刻なダメージがあった際の身近な対策として考えられるのは、自家発電設備、衛星通信設備などが挙げられる。こうした代替インフラを活用し、自社を守ることを最優先しつつ、地域と災害時の緊急対応連携を取ること、言い換えれば、「レジリエンス・コミュニティ」をつくることが、肝要である。レジリエンス経営は、緩やかなつながりによってもたらされる。緩やかなつながりが「レジリエンス・コミュニティ」を組成し、その組成は、企業としての社会貢献・地域貢献にもつながっていくことになる。

首都機能が完全に麻痺しても瞬時にビジネスをローンチできるのが、本当のレジリエンス

「大きな障害に直面しても押しつぶされない」と強い気持ちを持つことは素晴らしい。だが、自然災害においては、気持ちだけでは持ちこたえることはできないのも現実だ。そこで、事業継続につながる具体的な強化策の一つとして「対応力」と「復旧力」を養うことも大切になる。

災害などに対応するため、被害の規模を最小限に抑える策を事前に準備しておくことが、「対応力」であり、その具体例は以下である。

(例)
・地震に備えてサーバラック（ネットワーク機器などをまとめて収納するための専用棚のこと）を固定する
・津波や浸水などの水害に備えて、水の浸水を妨げるドアを設置する
・新型インフルエンザに備えて予めワクチンを接種しておく

また、実際に被害を受けた際に、早急に復旧をするために事前準備をしておいた手順の策定が、「復旧力」である。具体例は以下である。

（例）
・地震の揺れによって固定していたサーバラックが倒れたとしても、すぐに手作業に切り替えて事業の再開ができるように手順を策定
・水害によって建物浸水が起こっても、自宅などから業務の継続が行えるよう、社内システムへのリモートアクセスの手順を策定
・新型インフルエンザの影響によって、作業要員が手薄になっても、すぐに他部門から業務スタッフが駆けつけて事業継続できる手順を策定

右記の例は身近に対応できる例である。

それぞれの施策を全て個別に準備することができれば最も効果的ではある。しかし、「対応力」の対策には相応のコストがかかるため、準備し切れない部分が出る場合もある。その場合は、「復旧力」の対策で補うことができる。

このように、投資対効果の判断によって「レジリエンス」力の高め方は異なってくるが、守りの力

(Defense）と攻めの力（Offense）と適応性（Adaptive）をバランス良く加えることが基本戦略と言える。
その上で、事業組織の執行機能を統括する取締役のもと、事前分析により重要課題（軸）を見極め、明確な意識を持ちながら、それぞれに対応するレジリエンス戦略を実施することで、強くてしなやかな企業体質が生まれる。レジリエンス経営の要諦は「ぶれない軸」と「柔軟性」であり、有事に備えて、ＢＣＭ／ＢＣＰで事前にカバーできる部分をバランス良く準備しておくことは重要である。

２０１１年の東日本大震災の影響によって、多くの企業が長期の事業活動停止を余儀なくされた。また、２０１６年４月の熊本地震では、熊本や大分の現地部品工場が被災し、自動車や電機など大手製造業においては完成品の生産にも支障が生じるという「想定外」の事態が発生した。地震の規模、被害の内容等によって違いもあるが、東日本大震災の教訓が十分に活かされたとは言えない現状であり、多くの課題が浮き彫りとなった。中でも、企業と地域が密接に連携することや、企業間・同業他社間のお互い様連携等で、より一層の「レジリエンス・コミュニティ」の組成、この不可欠さが見えてきたように感じる。

今後、そういった災害で同じような被害状況に至らないために、企業は組織として、レジリエンスを基盤としたＢＣＭ／ＢＣＰの理解を通じ「レジリエンス」力を高め、災害緊急時における「対応力」と「復旧力」を平常時から組み立てておくことが必要となる。それに加え、常に自社の事業としての在り方に疑問を持ち、変化する社会との接点を見直す。コア領域とノンコア領域を分け、「ぶれない軸」を明確に打ち立て、他社と「柔軟」に連携しながら「レジリエンス・コミュニティ」を組成しておく。現行事業のＢＣＰ／ＢＣＭに加え、理念探求型のあるべき姿を模索しながら、常に身軽で手軽な意識を持てば、災害時、緊急時においても、瞬時にビジネスをローンチできる企業づくりが可能になるだろう。

第2章
なぜ今レジリエンス経営なのか

激変する世界経済

アメリカにおけるサブプライムローン問題の勃発に端を発した金融資本市場の混乱は、多くの方も御存知だろう。釈迦に説法で恐縮であるが、激変する世界経済を説明する上でこれ以上の事例はないため、敢えてこの話から始めたい。

サブプライムローン問題。

後にリーマンショックを引き起こした直接の要因となる事象である。リーマンショック発覚直後、この問題は、既に固有のリスク要因を抱えていた欧州金融機関にも飛び火して世界恐慌の様相を呈し、２００８年秋以降はその不確実性が更に深刻化した。これら金融ショックが影響を及ぼしたのは欧米以外の新興諸国も含まれ、危機は世界的広がりをみせることとなった。金融危機、その影響は実体経済面でも顕在化し、アメリカ、欧州は景気後退に陥り、アジア経済も同様に減速の動きがみられた。

このように世界経済が激変する中、日本経済にも大きな影響が及んだ。日本経済は、世界経済の減速に伴う輸出の減少、原油・原材料価格の高騰などを主因として既に景気後退局面に入っており、当初その下降スピードは比較的緩慢とみられていたものの、リーマンショックが起こった２００８年秋以降は実体面、金融面ともに事態が急速に変化しつつあり、景気の更なる下押し圧力が高まった。

世界金融危機は実体経済を揺さぶり、世界は同時不況の道を歩き始める。リーマンショックから僅か３カ月後の10～12月期の実質ＧＤＰ成長率（年率換算）は、前期比で米国３・８％減、欧州（ユーロ圏）５・７％減、日本12・７％減というように軒並みマイナス成長となった。他の先進国もほぼ同様に大幅なマイナス成長となり、新興国も成長を大幅に鈍化させ、世界経済はがけから一気に滑り落ちた感があった。

なぜ、米国の景気はこんなに急速に落ち込んでしまったのか。

それは、借金（ファイナンス）を原動力とする国内の過剰消費によって支えられた米国市場が崩壊し、需給が歪んだためである。米国人の貯蓄率は低く、また借入比率は総じて高い。クレジットカードの普及が早かった米国は、借り入れによる消費に抵抗はなく、借金してまで消費をするという人々のどん欲な需要が世界中の商品輸入を促進。その結果、世界中が潤った。新興国もその恩恵を受けて経済成長したのだが、サブプライムローン問題によって住宅バブルがはじけ、住宅価格が下落し金利が急騰したために、消費意欲が一気に減退し、それが世界金融危機に発展したのだ。

リーマンショック以降、急速に消費はしぼみ、米国の輸入が激減した。ドル高時代はほぼゼロ金利の日本円を調達し、円売りドル買いのポジションを取る、いわゆる円キャリートレードが機関投資家の間で主流であったが、米国経済の不透明さが増す中で、この取引の「巻き戻し」が始まった。金融機関やヘッジファンドが不測の事態に備えて世界中に有する資産の売却処分を始めた。機関投資家の現金ポジションにより為替はドル高からドル安へトレンド転換をし、リスクオフモードに伴い円に対する需要が増え、円相場は高騰することになった。その後もギリシャ危機に端を発する欧州危機が勃発。不透明な世界金融は多くの投資家にリスクオンモードを許さず、為替は一時円高ピークの70円台にまで迫ることになる。２０１２年秋以降は、米国のＱＥ（量的金融緩和政策）といった金融政策やアベノミクスの影響もあり、次第に円安の方向へと動いていった。

少々過去の話から金融資本主義の歴史を振り返ってみたが、ことほどさように、グローバル化した世界では、影響力のある国で、ひとたびこのようなショックが始まると、負の連鎖がたちまち広がる。その業火は一瞬にして世界の市場を巻き込んでいき、世界経済の激変を加速させたのである。

米国と並んで世界経済を牽引してきた中国もまた、米国同様、いやもしかしたらそれ以上の苦境に直面している。

中国経済の失速については各種メディアに報じられているが、その実態は「安全報道」を心がける大手メディアを見ているだけでは分からないが、惨憺たるものとなっている。そもそも実際どこまで厳しい状況になっているのか、報道を見ても真相は分からない。

国の発表する指標が本当か嘘か分からないのである。極めて不透明な経済状況にあると言える。

中国が開示する指標以上に悪化しているのか、あるいはそうでもないのか。世界経済の行く末は、中国経済に左右されるほどにその影響は大きく、世界各国の要人が中国経済の実態に注視している。

こうした外的環境を受け、日銀はその金融システムレポートに、（今まさにリーマン並みのショックが発生すると）「海外経済の成長率が大幅に低下。企業業績の悪化から海外株価が下落するほか、為替市場では相対的に安全通貨とみなされている円が大幅に上昇する（註・円高になる）」ことになるだろう、と記載している。

さらに、「こうした大幅な海外経済の落ち込みや円高はわが国の輸出を減少させる。これは企業の生産を低下させ、企業収益や雇用者所得の減少を招く。設備投資や個人消費などの国内需要が減少し、国内経済の成長率は大幅に低下する」と、レポートは続けており、ショックの余波はそれではおさまらず、「国内企業の収益悪化を背景に株価が下落するほか、国内景気の悪化から不動産価格（地価）も下落する。こうした株価や不動産価格の下落は、資産効果による個人消費などの減少や担保価値低下による貸出の減少を通じて、国内経済をさらに下押しする」とまで書かれている。日銀は、ストレス・テストのための想定ケースに過ぎないと断りを入れているが、リーマンショック級のショックが再度訪れようものなら、市場経済への影響は大きいものになる。

なお、これらの検討は、あくまでも想定の一部であり、更なる「想定外」の世界経済の激変も十分にありうる。不安定な時代だからこそ、世界経済・日本経済の激変に対応できる企業づくりをすることが急務であることは間違いないだろう。災害や緊急対策のみならず、金融ショックという外的要因に備える上でも、「レジリエンス経営」の重要性は増している。

想定外の災害可能性

地震の時も、津波の時も、洪水の時にも、被害が大きくなると「想定外だった」という。そもそも想定内だったら被害は最小限に防げるわけで、大災害は「想定外」だから起こる。想定内の大災害などないということだ。

「想定」する人はいたのだが、その想定はありえないと判断する人が多かったというのが、「想定外」の本質だと思う。専門家も所詮人間である。最悪のシナリオは、できれば避けたい……という心理が働く。

心理的に受け入れがたいというだけでなく、最悪のシナリオに対処するためにはコストも時間もかかる。これが、判断のブレーキになってしまう。また、最悪の想定が外れた時に、大騒ぎしたという批判を浴びることにもなりかねない。だから、想定は常に「中間」のレベルにとどめられてしまう。

20年に1度、あるいは100年に1度の大災害のために、常に臨戦態勢をとることは不可能に近い。たとえ「最悪のシナリオを想定」しても、できることには限度がある。

「想定外」というのは、言い訳でもある。

想定内だったら対応できたのかというと、そうともいえない。その意味では、想定外かどうかはあまり関係ないように思う。

問題なのは、災害が想定内か想定外かではなく、時々刻々と変化する状況に、どう対応するかだ。状況は常に変化する。硬直した発想ではなく、常に変化する社会に対応する。まさに「柔軟性」が問われている。

阪神淡路大震災では、関西で地震が起きること自体が想定外だった、すなわち前者のケースである。関西では１９５０年以降の約50年間では、阪神淡路大震災以外に大きな地震はほとんど起きていないが、それ以前の50年間では、マグニチュード7前後の地震が何度か起きている。人間は自分が生きてきた間に経験したことだけで判断する傾向がある。こうした心理的バイアスにとらわれることなく、過去の事実をよく調査すれば、必ずしも関西では地震が起きないとは言えなかったのではないか。つまり想定しようと思えば、想定できたはずだ。

東日本大震災では、地震が起きることやそれに伴い津波が来ることも、ある程度想定されていた。しかしここまで大きな地震や津波が起きることは想定外だった、すなわち後者のケースである。だが、過去の学術的観測データが残っている地震や津波などの歴史的な事実を辿って追っていくと、かなり大規模であったと思われる地震や津波が、この地域で過去に何度も起きていたことが分かる。

２０１６年４月の熊本地震では、広域に渡る活断層のズレによる直下型地震で、２度にわたる震度7

規模の地震と多数の余震が続いた。震災により、家屋倒壊による多数の避難者が出たものの、避難所や公共施設が被害を受けていたこともあり、被災者が車に避難し寝泊まりをする状況であった。また、道路や交通網の寸断により、救援物資が避難所に届かず支援状況に格差が出てしまう状況にもなった。インフラも寸断され、復旧には大幅な時間がかかった。熊本を中心とする地震は過去にも起こっているのだが、どれもマグニチュードは7・0には達しておらず、巨大地震と呼べるようなものは発生しにくいと想定されていた。だが実際、過去の地震では、家屋を倒壊させ死者を出すほどの被害も出ている。そして、これらの地震の共通点は直下型地震であり、震源は浅く、今回の熊本地震と似ていることが分かる。

人間は完璧ではない。

従って、本当に全く想定できないことがあるのは仕方ないのだが、こうした大規模災害において「想定外」と片づけられていることの多くが、実は「想定はできた」が「知らなかった」だけということではないだろうか。

危機管理を行う場合、安易に「想定外」と断定せずに、「本当に想定できなかったのか?」を検証し、そこから反省点や教訓を学び取っていく姿勢が重要である。ましてや今は、災害や有事だけではなく、様々な社会環境の変化にも対応しなくてはならない。

そこで、考えられる環境変化やリスクとは何か。左に具体例を示した。

①外部環境より被る危機……災害、テロ、気候変動、金融危機
②業務執行の混乱・失敗による危機……ＩＴ障害、投資・プロジェクトの失敗、運転資金ショート、売上低減等
③組織内に隠れた危機……不正、偽装、コンプライアンス違反
④戦略ミス、後継者不在等

リスクには、外部で発生する脅威という側面と、その結果内部に発生する影響という側面がある。外部で発生する脅威について、全ての脅威を洗い出すことは、なかなか難しい。しかし脅威が現実となった結果、組織内部で発生する影響は、ある程度は想定がしやすくなる。

そこで事業継続では、ボトルネック資源、すなわちこれが使えなければ、初動対応や事業継続に致命的な影響を与える資源（ヒト・モノ・カネ・情報）を予め洗い出しておく。そして、それらを確実に使えるように準備し、何らかの脅威によって（想定不可能な脅威であっても）使用できなくなった場合のリスクを評価し、対策を講じる。レジリエンス経営でいう「ぶれない軸」、つまり譲れないコアは何か、ハード面から洗い出しをするわけである。

資源へのクリティカルな影響をなるべく小さくするような対策、具体的には代替資源や代替方法を準

備するなどの対策を平時から立てておく。仮に施設全体が災害などの事象の影響を受けたとしても、重要なボトルネックとなる設備などが必ず使えるように、バックアップを取っておく。例えば他社と連携して施設貸与を受ける準備をしておく、などである。もし仮に、施設が十分安全な管理状況であったとすれば、発生した事象の影響を緩和し早期に収拾することができる。また対策をボトルネック資源に絞り込むことで、対策コストの低減を図ることにもつながる。

リスクマネジメントにおいては脅威を想定し、その可能性と影響を評価する。これは、いわゆるリスクアセスメントで、どこまでリスクを妥当に洗い出し評価できるかが重要となる。ここがいい加減だと、その後の対策も「すぐ思いつくこと、やりやすいこと」だけをやることになってしまう。結果的に、危機発生時には多くのことが「想定外」だった、となってしまう。「想定が不可能だった」のではなく「想定の努力を十分しなかった」という類の「想定外」を減らすために、

- 過去の事実を調査する
- 世の中の事例を調査する
- 公表されているデータを活用する

といった調査に時間をかけ、綿密にシミュレーションを行うことが必要である。

事業継続というと、すぐにＢＣＰのような書類を作成する作業に入ろうとしがちであるが、書類整備

より実行が大切である。有事を想定しシミュレーションを行い、書面で規定している通りの動きを展開することが肝要だ。何事も事前の調査と、活動全体の構想をしっかり行ってから策定することが大切であり、「想定外」の世界経済や日本経済の激変、環境変化や危機に対して、レジリエントたるために、常に「柔軟性」を確保しておく。外的環境の変化に合わせ、自らを柔軟に変化適応し、有事を乗り切り、その先の事業継続のために、今、何を行うべきかを考え、平時から準備し、伏線を張っておくことがレジリエンス力の強化につながるのである。

企業として何を大切にし、どこまでをコアとするのか。こうした「ぶれない軸」と想定外を想定内にする準備、そして緩やかな連帯を形成する「柔軟性」を保持しておく。これらにより、レジリエンス経営の実践が機能する。

時代の主役は持たざるもの。所有からシェアへ

前世紀に支配的だった産業は、広告と製造業である。製造業は「所有」を目的とする一回限りの購買で稼ぐ。広告は人々をマスとしてとらえ、浪費と消費欲を刺激し続け、人間の欲望を肥大化させてきた。

翻って現代は、「共有」を基盤として取り組む企業が増えてきている。こうした企業は、所有することに意味を感じない多様化する消費者に合わせ、所有からシェアにサービス形態を変えている。場やコミュニティを提供し、そこで繰り返される取引を収益の源泉としており、個々の顧客と長期的な関係を築く機会を手にする。現代において、所有から共有への流れは決定的であり、こうした潮流は、企業にとってビジネスモデルの大転換を見出すきっかけになるのである。

現在、欧米では、インターネットを介して個人間で自家用車を気軽にマイクロ（小口）リースできるカーシェアリングが流行っている。マイカーを持つブームは去り、車はシェアする時代になった。こうした企業は、英の企業ウィップカー（Whip Car）などをはじめ、6カ国で10社以上もある。

最近日本でも、クラウドファンディング（優れたアイデアに対して無数の個人が少額を出資できる仕組み）のプラットフォームが整いつつあり、資金調達の世界にもシェアの概念が広まりつつある。個人間の少額事業融資も進むと同時に、レンタルオフィスやオフィススペースシェアといった、企業が固定費を抱えるのが当たり前であったものまで、シェアの対象として変動費化されつつある。

大震災という未曾有の体験を経て、安全な食料の確保や電力、輸送をはじめ各種社会インフラの再構築に取り組む日本。そんな日本が、所有という概念を超えたところで、モノやサービスのシェアを促進し、個々人の力をフルに活用すれば、ビジネスとしての可能性が飛躍的に広がる。共有への思いを持った個々人が物理的制約を超えて、様々な活動に参加でき、「レジリエンス・コミュニティ」の組成に貢献することができれば、大震災の復興という局面において多大なるメリットをもたらすだろう。

クラウドサービスは、個人と個人を縦横無尽に結びつける。クラウドサービスは、何らかのモノが欲しい個人と、何らかのモノが余っている個人を、瞬時に結びつける。個々人間の取引を可能にする新しいプラットフォームを構想し、そのニーズを即座に具現化することができる。プラットフォームを利用する個人（顧客）は、そのプラットフォームの使用に関して、僅かばかりの対価を手数料として負担する。

余っているところから足りないところへ、自動的にモノが流通する仕組みが整いつつある。それも、これまでの企業対企業の関係性のみならず、個人対個人の関係性においても、それが実現されつつある。そんな時代においては、もはや無理にモノを所有する必要はない。手にすることで無駄にコストとエネルギーを要するモノは共有し、希少な資源を繰り返し使用すれば、社会を無駄の少ない持続可能な環境に変えることができる。ひいては、次世代の循環型システムへとバージョンアップする中核的なファンクションともなる。

こうした持続可能な持たざる戦略を具体化するためには、企業、地方自治体、政府の連携が必須である。

繰り返しになるが、レジリエンス経営の要諦は「ぶれない軸」と「柔軟性」であり、その実現に、各団体との連携は欠かせない。以下に挙げる要点に対し、各団体が連携を前提に、素早く手を打っていくことで、必ずやその動きは加速するはずである。

1．共有への優遇政策

政府が、持たざるサービスやシェア型ビジネスに対する税制優遇を促し、シェアリングサービス提供者、利用者の双方を利する政策を提示すれば、新しい戦略の達成、パートナーシップが早まる。

2．パートナーシップ

他とのつながり、連携、コラボレーションは、メッシュの中核。各国の企業や地方自治体が、所有データやモノをシェアリングによって公開する例は少なくない。

3．プラットフォームづくり

ソーシャルネットワークやツイッター(Twitter)、ペイパル(Paypal＝少額ネット決済)、スカイプ(ネット電話）の普及により、才能ある人たちがこうしたプラットフォームの周辺で次のサービスを生む。都市もプラットフォームであり、住民が根づき、刺激を受け、連携してアイデアを生み、育てる。都市に魅力的なメッシュのプラットフォームをつくり、ゆるやかなガイドラインとインタフェースを用意できれば、起業家やクリエイター、教育者、政府関係者が集いやすくなり、創造的なコラボレーションが進む。

4．素早い実験と失敗の共有

共有という新しい入り口にいる我々は、来し方行く末を把握し、よく学び、耳を澄まし、考えを洗練させて成長する必要がある。考えが完全無欠になるまで待たないこと。誰かが何かを始めてすぐ失敗しても、それは、次につながる一つの貴重な学びとなる。他の人が同じ過ちを繰り返さずにすむように、失敗情報を共有すれば良い。

昔は、ご近所で電話やテレビを共有したり、農機具を貸し借りしたり、人手が足りない時は助け合うことが当たり前だった。そのような意味では、シェアという文化自体は特別新しいものではない。しかし、近年注目されているシェア型サービスには、旧来のそれと大きく異なる部分がある。

その最たるものはコミュニティだ。旧来のシェアは、そのコミュニティに所属するものにとって、身近な存在に限られていた。昔は顔見知りである隣近所のおじさん・おばさんに、お醤油やお米を借りにいったり、子どもたちの見守りや学校教育ではフォローしきれない物事を教わったりするのが当たり前の時代であった。

ところが昨今のコミュニティは、全国どころか国境を越えて広がっている。

このような現象が生じた理由はＩＴの発展、特にインターネットとソーシャルメディアの存在が大きい。今や、ポケットに入るスマートフォン一つで世界の人々と緊密にコミュニケーションができ、ＧＰＳ機能などを利用すれば、必要な時に必要な場所で必要なものを必要なだけシェアすることができる。

ＩＴの中でも、特にシェアの追い風となったのがソーシャルメディアである。「Twitter（ツイッター）」や「Facebook（フェイスブック）」「mixi（ミクシィ）」などのソーシャルメディアは、面識のない人同士を手軽につなぎ、緊密で信頼に足る情報交換を行うことを可能にした。特に実名の利用を推奨する「フェイスブック」は、匿名が当たり前だったインターネットの世界を大きく変え、仮想空間でも信頼に足る人間関係が構築できることを証明してみせた。

しかし、ソーシャルメディアだけで信頼性を担保することは難しい。仮想空間で信用取引を行う際、重要な役割を果たすのは、利用者同士の評価機能だ。世界最大のオークションサイト「eBay（イーベイ）」では、取引を行った売り手と買い手に、点数とコメントで相手を評価する仕組みを提供している。マイナス評価を受けたユーザーは、信頼が損なわれて取引が成立しなくなり、自然とコミュニティから淘汰される仕組みとなっている。この仕組みが不正の抑止効果となり、仮想空間における取引の信頼性をつくり上げ、昨今のシェア型サービスの大半が、「イーベイ」と同様の評価機能を採用し取引の信頼性を確保している。

このように、世界はシェアの文化に向かっている。シェアをし、支え合うコミュニティは、もともと日本に古来からあるムラ意識であった。それが、時代の流れによってＩＴ化され、国境を越える規模に拡大しているが、人間社会の原理は同じである。大きかろうが小さかろうが、コミュニティはコミュニティである。皆が助け合い、支え合う。その規模がグローバルになっているに過ぎない。

企業の経済活動を行う上でも、そしてレジリエンスの基盤をつくる上でも、大きなポイントになるのは他者との緩やかな連携性である。

特に地域との緊密なコミュニティを形成し、「レジリエンス・コミュニティ」を企業自ら率先して行うことは、レジリエンスの実践に直結する。激動の時代を生き抜くヒントは、緩やかな連帯にある。

資本が中心の時代から、人が中心の時代になる。

物質文明が終わりを告げ、人間が中心となる精神文明の黎明期は、個々人・企業が「ぶれない軸」と「柔軟性」を持ち、他との緩やかな連帯を積極的に展開していく、そんな時代の幕開けとなろう。

緩やかなアライアンス間でのリソース増強

・企業文化醸成、社内リソースの増強。発生し続ける、古き良き日本企業の不祥事

「スズキ株式会社は、パレット、ワゴンR、アルトラパンについて、下記のリコールを国土交通省に届け出いたしました。ご愛用の皆さまには、大変ご迷惑をおかけし、心よりお詫び申し上げます。対象となるお客様には、お知らせのダイレクトメール、またはスズキ販売店等からご案内させていただきますが、お早めに最寄りのスズキ車販売店へご連絡いただき、修理（無料）をお受けいただきますようお願い申し上げます。」

これは、２０１６年３月３日、スズキが国土交通省にリコールを提出した旨を開示したウェブ情報である。スズキといえば、カリスマ的な存在感を誇る会長、鈴木修率いる、まさに日本の自動車産業を代表する名門企業である。誰もがこの不祥事を耳にした時、「まさか、あのスズキが……」と疑念を抱いたはずであろう。

スズキと言えば軽自動車、軽自動車と言えばスズキと言っても過言ではないほど、スズキはダイハツと共に、軽自動車業界を牽引してきた存在である。その経営体制は、鈴木会長自身の著書、『俺は、中

小企業のおやじ』（日本経済新聞出版社、２００９年2月）にも紹介されている通り、徹底した現場主義に基づいている。スズキブランドには、こだわりのある製造業としてのイメージが強くあった。そんなスズキが、燃費不正問題を起こしたとして取りざたされたニュースは人々の耳目を集めた。

不祥事を受けて鈴木会長が辞任しないこともまた、このニュースに尾ひれをつけ、本来必要ないスパイスを加えてしまうこととなる。

このスズキの燃費不正問題。

どのような経緯で発覚したかと言えば、これまた自動車産業における一大企業、三菱自動車の燃費不正問題を受けて、発覚したという背景がある。天下の三菱グループにある三菱自動車は、本件に限らず、過去数度、発火問題などを起こしていた。このことから、三菱自動車は既に社会的イメージを下落させる傾向にあったわけであるが、その流れを受けて調査を依頼されたスズキまでもが、国が定める方法と異なる形でデータの測定を行ったことが判明。スズキはその事実が確認できてすぐ、前記の国土交通省に対する報告を行ったが、「堅実経営」とも言われ、独フォルクスワーゲンにも屈しなかったスズキという会社が一大スキャンダルに巻き込まれたニュースは、世間に大きなインパクトを残した。

スズキの不正が暴かれるのに先立ち、本件の一翼を担う三菱自動車が、軽自動車の燃費データを偽装していた問題が明らかになった。２０１５年にはフォルクスワーゲンの排ガス規制を巡る不正が発覚しており、次から次へと自動車産業を代表する企業の不正が暴かれる形となった。自動車の性能試験での不正が相次ぐ実態は、業界全体の信頼を揺るがしかねない。三菱自動車には前科がある。２０００年以降、大規模なリコール（回収・無償修理）隠し問題から立ち直ったかに見えた三菱自動車は、なぜ再び不正に手を染めたのか。このニュースもまた、世間の注目を集め、昨今の日本企業のガバナンスの在り方に深い疑問を投げかけた。

レジリエンスな経営を実践する上で、重大なコンプライアンス違反は致命傷となる。

「強くしなやか」な組織を展開する上で、ガバナンスを健全に機能させ、コンプライアンス違反を徹底的に防止することは、有事対策と同格に重要である。災害対策をはじめとする有事に備えたＢＣＰがハード面でのレジリエンスだとすれば、企業の存続に深刻な影響を与えかねない不正・不祥事を防ぐ施策はソフト面でのレジリエンスである。不正・不祥事が起こりえないよう、ビジネスプロセスそのものを都度見直し、レジリエンスな在り方を模索することが本来あるべき姿である。

スズキ、そして三菱自動車。日本の自動車産業を代表する二大企業が、立て続けに不祥事を起こしたこの事実。

こうしたスキャンダルが明るみになればなるほど、自動車業界全体がダーティーなイメージに思われても仕方ない。一方、自動車産業に限らず、他業界においても、過去例をみないほど連日のように様々な不祥事がメディアを騒がせている。フジサンケイグループが運営する、株式会社エフシージー総合研究所のウェブサイトに、最新の企業事件・不祥事リストというものが紹介されている。
一部を抜粋しながら、その内容を概観していきたい。

２０１６年６月７日、共同通信の記者だった30代の女性が、男性上司からのパワハラ、セクハラで休職を余儀なくされたとして、同社と上司を相手取り約４８４万円の損害賠償を求める訴えを神戸地裁に起こしていたことが６日分かった。女性は２００９年に入社し、10年に神戸支局に着任。12年秋から毎月約１００時間超の時間外労働などでうつ状態となった。13年から残業・休出もしない勤務となったが、当時の支局長から「さぼっているだけではないか」「お前の話は誰も信じない」などと人格否定されたという。女性は15年から本社に復職したが、男性上司も本社に異動し社内で鉢合わせしたことから、うつが再発し、再び休職を余儀なくされたという。共同通信総務局は、「訴状が届いたら内容を精査し、対応を検討する」としている。

２０１6年6月8日、電機大手、三菱電機の元社員の男（58）が在職中、新幹線のネット予約システムの保守業務を外注したように見せかけ、総額で約４億６千万円を同社からだまし取った疑いで、警視庁は8日にも詐欺容疑で逮捕する方針を固めた。男は三菱電機の営業部門に在籍中、ＪＲ東海の子会社から請け負ったシステムの保守業務の一部を別会社に外注したように装い、三菱電機から別会社側に架空の外注費を振り込ませ、だまし取った疑いがもたれている。この架空発注は、２０１３年の三菱電機に対する東京国税局の税務調査で発覚した。内部調査で、13年までの5年間で被害額が約４億６千万円にのぼると判明した。なお、同社は２０１５年３月17日に社員による架空発注の事実を公表済み。

２０１５年10月静岡県内の国道で日産自動車のＳＵＶを運転中、トラックに追突した際に、タカタ製エアバッグが異常作動し、腕などにケガをしたとして、60代の女性が業務上過失致傷の罪でタカタと日産自動車の担当者を静岡県警伊東署に告訴したことが7日分かった。国内でタカタ製エアバッグの異常作動によるけがは本ケースが初。女性が乗っていたＳＵＶはリコール対象で15年8月に販売会社に持ち込まれていたが、販社は部品不足を理由に改修をしなかった。日産自動車は「コメントは差し控えるが、捜査には協力している」とし、タカタは「捜査に全面的に協力しているが、内容については回答できない」などと述べている。

２０１６年6月9日、プロ野球巨人の新人契約金が超過していたとする記事は名誉棄損として、読売巨人軍が朝日新聞に5千5百万円の損害賠償を求めていた控訴審判決で、東京高裁は記事の一部を不当と認め、朝日新聞社に３３０万円の支払いを命じた。

２０１６年6月10日、順天堂大病院の心臓血管外科に入院していた74歳女性の家族が9日、記者会見し昨年6月に点滴装置の電源が切られて、強心剤の投与が数十分間停止した結果女性が寝たきりの状態になっていると発表した。同院に対して業務上過失傷害罪で刑事告訴を検討しているという。

２０１６年６月10日、神戸製鋼所は９日、グループ会社の神鋼鋼線ステンレスが９年２カ月にわたり、ばね用鋼材の強度試験結果を改ざんし、強度不足にもかかわらずＪＩＳ基準品として販売していたと発表した。ＪＩＳ基準に比べ最大４％の強度不足だったが、神戸製鋼所では、部品を使うメーカーはＪＩＳ基準より数割小さくとも安全に問題がないよう設計しているなどと説明している。改ざんされたばね鋼材は、家電や家庭用品等向けが74％、給湯器等のガス設備向けが12％など。神鋼鋼線ステンレスの工場長が管理書類中に「特別採用」と書かれていることに疑問を持ち、現場に確認したことから今回の改ざんが発覚した。親会社の神鋼鋼線興業の社長は、現場が前任からの引き継ぎでこうした不正を繰り返しており、不正を認識していたと話している。

（株式会社エフシージー総合研究所ウェブサイトより一部抜粋）

これだけ引用すれば十分であろう。

２０１６年６月に発生したものを中心に取り上げたが、毎日何らかの不祥事がどこかで発生している。それも、共同通信、三菱電機、タカタといった、そうそうたる大企業の不祥事である。これは、もはや異常なレベルである。昨今の不祥事の数。レジリエンスからはほど遠い、惨憺たる状況だ。これらは果たして企業サイドのガバナンスの問題なのか。あるいは監視すべき組織サイドの、チェック機能の欠落なのか。恐らく、そのどちらにも要因がある。しかしそれだけではない。多かれ少なかれ、硬直化した組織において生まれた悪習、悪い意味での横並び意識・ムラ意識が、こうした重大なコンプライアンスを引き起こしている。日本はムラ意識が強い。職人技能に長けているという強みを持つ反面、特定コミュニティの色に染まりやすい傾向がある。従って、「業界慣習的に、まあ、このくらいなら良いだろう」という安直な判断が、日本の組織では生まれやすい。

昨今マスコミを騒がせている舛添要一前都知事の経費私的流用疑惑事件もまた、硬直化した組織の産物であろう。他の業界では考えられないことが、別の業界では起こっている。行政で言うところの縦割り行政的悪しき純血主義が、産業界でも悪しき習慣として根強く残る。そしてこの純血主義は、時にレジリエンスな「柔軟性」を奪う。勿論、良い文化・習慣は定着すべきである。独自な企業文化の醸成は企業の競争力を高める。しかし、その一切を無条件に肯定してはならない。いくら競合他社が安易に行っているとはいえ、不正や不祥事に絡むことに関しては、十分な内部監視能力を高め、徹底的に排除しなくてはならない。

日本は資源国ではなく産業立国である。

その影響を受けてか、日本企業は製造業を中心に、社内リソース増強にばかり目がいく傾向にある。職人技能を高めるため、社内組織を増強することを前提とし、他社との混じり合いは好まない性質を有する。組織や空気を過剰に重視し、客観的なビジネスプロセスを軽視する。組織を過剰に重視するあまり、本質的な原因に蓋をし、不和を嫌い、望ましくないものに目を向けない傾向にある。

組織の硬直は、情報統制・外部情報の遮断により引き起こされる。

単独の企業が社内リソースにこだわるあまり、組織が硬直化し、随時適切な判断力を失うのはレジリエントな組織とは言えない。硬直化する組織は「ぶれない軸」を強化するが、「柔軟性」を欠落させる。「柔軟性」の欠落は、前述した例の通り、深刻な企業コンプライアンスの違反を招く。

企業の競争力を高める上では、社内リソースの増強だけでなく、外部企業との連携、緩やかなアライアンスも徹底させることで、外部の目線を入れることができる。できれば後述するコソーシングというスタイルを通じ、他業界との連携まで実施すれば望ましい。

外部に見られているという意識が高まれば、結果的にガバナンスは強化される。

非上場企業に比べ、上場企業の方が相対的に見てガバナンスが強固なのは、多くの投資家に見られているという強制力が働くからである。自前のリソースにこだわるのではなく、緩やかな連携・アライアンスを前提とすることで、ビジネスプロセスの開示意識、パブリックな意識を醸成しやすくなり、独自の企業文化で生まれた悪しき習慣を断つことができるようになる。

・外部のメスが入らないことで生まれる日本の妖怪。ブラック企業

企業の不祥事に絡み、もう一つ、硬直化した不透明な組織から生まれる社会問題を取り上げたい。その名は、「ブラック企業」である。Wikipedia によると、ブラック企業とは、ブラック会社（ブラックがいしゃ）とも呼ばれ、広義としては暴力団などの反社会的団体とのつながりを持つなど違法行為を常態化させた会社を指し、狭義には新興産業において若者を大量に採用し、過重労働・違法労働によって使いつぶし、次々と離職に追い込む成長大企業を指す。

ブラック企業に関しては、ワタミ事件が記憶に新しい。以下に事件の概要を引用したい。

「助け出してやれなかった後悔は死ぬまで続く」「本当に反省しているなら、いい会社になってほしい」。居酒屋チェーンを経営するワタミとの和解成立を受け、都内で記者会見した森美菜さん＝当時（26）、平成20年に過労自殺＝の父、豪（つよし）さん（67）と母、祐子さん（61）は終始硬い表情を崩すことがなかった。

「体が痛いです。体が辛いです。気持ちが沈みます。早く動けません。どうか助けて下さい。誰か助けて下さい」。亡くなる約1カ月前、美菜さんは手帳にこう書き残していた。

美菜さんは、休日もワタミ創業者の渡辺美樹参院議員の著書を課題にしたリポートの作成に追われ、深夜勤務を終えた翌日の早朝研修では、２４０ページ以上に及ぶ「理念集」の暗記テストを課された。新入社員として店舗に配属され、自ら命を絶つまで60日間。あまりに過酷な日々だった。

平成24年に労災が認定されると、こうした働かせ方が波紋を広げ、過酷な労働条件で若者を使いつぶす会社が「ブラック企業」として批判を集めるきっかけにもなった。

だが、渡辺氏は「ブラック企業と呼ばれることは、到底受け入れられない」と主張。今回の訴訟でも、当初は法廷で「道義的責任はあるが、法的責任の見解相違については司法の判断を仰ぐ」などと述べた。

ワタミの27年３月期連結決算は、１２８億円の最終赤字。28年３月期こそ介護事業の売却益で黒字を見込むが、外食産業全体の不振に加えて、美菜さんの過労自殺に端を発した顧客離れの影響が拭えないとの見方も広がる。今回の和解条項には、20～24年度の新卒社員約８００人全員に、過去の未払い残業代として一律約２万５千円を支払うことも盛り込まれた。社員の命と健康を粗末にした代償は、あまりに大きすぎたといえる。

豪さんは「判決以上のものを得られる可能性があり、和解を決めた。長時間労働を防ぐ条項が盛り込まれたことは良かった」と一定の評価をした上で「今回の和解が過労死の撲滅につながることを望んでいる」と語った。

この日の和解協議には渡辺氏も出席し「責任は私にある。森さんを追い詰める結果になったことを悔いている」と謝罪したという。ワタミの清水邦晃社長は「ご心労を与えたことを心からおわび申し上げる。労働環境の改善に鋭意取り組み、再発防止に努めている」などとコメントした。

（２０１５年12月8日、産経ＷＥＳＴより一部抜粋）

ワタミをブラック企業と評価するかどうかは、ステークホルダーそれぞれの立場によって異なる。安くて美味しく食事をできることに感謝している消費者からすればホワイト企業かもしれないし、厳しい労働に苦しむ労働者にとってはブラック企業かもしれない。ワタミのおかげで成長でき、結果独立したものもいれば、ワタミの株式で莫大な損をした投資家もいる。企業は社会との相対的関係性の中で評価されるものであり、特定の立場を偏重し、白黒のレッテルを貼る行為は決して健全ではない。

しかし、前記ニュースにある通り、ワタミが過労に伴う自殺者を出してしまったというのは事実である。そしてこれこそまさに、社内リソースにこだわり過ぎるあまり、人の採用・育成・定着に独自の教育・労働観を付与し、外部情報の遮断を誘発させ、それが主因となって深刻なコンプライアンス問題を引き起こした典型的な事例と言える。ワタミは「地球上で一番たくさんのありがとうを集めるグループになる」というビジョンを掲げている。

顧客への低価格・良質なサービスを求めるあまり、そのコスト構造の実現に向けては、社内リソースにこだわるしかなかった。飲食業界ではＦＬ（Food Labor）コストと呼ばれる、食材費と人件費を合算したコスト指標が一般的だが、そのコストLを過剰に削減することをコミットしすぎてしまい、ワーカーの心身を無視したマネジメントに走ってしまった。結果的にレジリエンス経営の要諦である「柔軟性」を失い、硬直化した組織は、死亡者まで出す深刻な事件を引き起こしてしまった。

もう一つ、レジリエントな組織の真逆にある事例がある。「自爆営業」という言葉を聞いたことがあるだろうか。これもまた、外部との連携性を欠いた組織の硬直化した文化が生み出す、深刻な社会問題である。ジャンルで言えばブラック企業に属するものと思われるが、従業員に労働負荷だけでなく実際の金銭支出まで強要するという、その特徴が際立っているため、以下にその定義と事例を示したい。

・郵便局員を中心に展開される、自爆営業

以下、Wikipediaを参照しながら「自爆営業」を概観する。

自爆営業（じばくえいぎょう）とは、企業の営業活動において、従業員が自己負担で商品を購入し、売上高を上げる行為のこと。全てはノルマ達成のために行なわれる。営業成績のために身銭を切る行為を自爆になぞらえた比喩である。

元々は日本郵便の会社組織内で呼ばれるようになった言葉である。郵政省時代や郵政公社時代でも、売れない郵便商品の自爆営業は行われていたが、郵政民営化以後、更なる利益追求を目指し、より一層の営業強化が求められている。そのため、職員にお年玉付郵便はがきなどの販売ノルマを割り当てており、その際の販売数未達分については職員が自腹で対応し、それが高額となったことが問題視されるようになった。

第２次安倍内閣の内閣官房長官である菅義偉は、２０１３年（平成25年）11月18日（月曜日）午前の総理大臣公邸での記者会見で、朝日新聞社の記者から、日本郵便の自爆営業についての質問に対し、販売目標の設定について一般の経営の在り方として問題ではないとし、無理な販売促進はあってはならないと日本郵政も認識している、そういうことは無いと報告を受けていると答弁。しかし新聞報道を受け、

日本国政府が日本郵便株式会社の全株式を保有している事もあり、総務省に注意・注視を促して、活かしたいとした。

所属局によりノルマの数は異なるが、日本郵政では社員一人当たりに「年賀状のはがきを何枚売る」ということが定められており、外務社員はもちろん、利用客に接客する機会の殆ど無い内務社員にも目標が定められている。販売促進のため「対話」の一環として未達者に対する指導や反省文を書かせる、ミーティングの時にお立ち台の上で謝罪や達成宣言をさせる、営業ロールプレイを繰り返す、通常勤務から外し営業活動に専念させる、やりきり隊の立ち上げ、管理職に対する営業促進テレビ会議などの対策を行っている。

達成できなければ、６カ月更新の期間雇用である長期期間雇用社員の場合、更新時に行われる能力給の査定でランクが上がらない、ランクを落とされる事もある。正社員や管理職の場合も年収が１００万円単位で下がる、左遷され出世コースから外されることもある。

特定商取引に関する法律が、２００９年（平成21年）12月１日に改正施行され、原則として全ての取引に本法が適用されることとなり、葉書やゆうパック等の販売は、郵便配達のついでなら訪問販売、チラシなら通信販売、電話を使えば電話勧誘販売扱いとなり、新たに法規制の対象となるなど、営業活動にかかる負担が増加した。

需要と供給が乖離し、人手不足で営業にかける余裕も無い中、内務社員のみならず多くの社員はこの目標を達成することができずに、金券ショップに転売して自身が売りさばいたということにしている。金券ショップに売る場合には、定価よりも安い買取価格であることに加えて、首都圏などの高価で買い取ってもらえる店までの交通費も自腹で払わないといけないことから、社員には数万円の負担が強いられている。日本郵便株式会社は実需に基づかない営業行為、自爆営業や金券ショップへの持ち込みをコンプライアンス違反として禁止しており、そのような状況は調査しても確認できないとしている。

お年玉付郵便はがき以外にも夏のおたより郵便葉書（かもめ～る）、記念切手、レターパック。日本郵便株式会社のゆうパックを利用したカタログ販売の利用促進イベントや企画としてお歳暮、バレンタインデー、子供の日、母の日、父の日、お中元、敬老の日、ふるさと小包などにもノルマがある。郵便局会社の完全子会社である郵便局物販サービスが２００９年（平成21年）に、生産者からカタログ宣伝手数料を取る方式から、販売する商品の仕入れ価格を下げる為に生産者から一括して購入する仕入れ販売方式に転換。在庫を抱えるリスクを回避する為、販売営業の一層の促進が図れた。

ノルマには、各郵便局に割り当てられた目標値を頭数や役職、勤務別に割り振る。集配区ごとの班などチームごとのノルマを達成することは勿論、一人当たりのノルマを達成する事も望まれる。この年賀状のはがきを一人当たり一万枚を売り上げるという目標等は民法、労働基準法、刑法などに違反するノルマではないとして「目標」「期待値」等と呼ばれ、社員の大部分が達成できていることになっているが、その実は社員が自腹を切っているがゆえのことである。

（Wikipedia より一部抜粋）

日本を代表する企業の一つである日本郵政が、従業員に自社商品の購買を強制していたという事実は、にわかに信じがたい。だが、前記引用にある新聞報道その他を見るに、従業員には明らかに厳しいノルマが課されており、組織の「空気」を過重に重んじる文化が、従業員の自爆営業を誘発したという流れは想像に難くない。

『自爆営業』（ポプラ新書、２０１４年５月８日）の著者である樫田秀樹は、自爆営業は日本郵政のみならず、コンビニエンスストア、アパレル産業、紳士服量販店、外食産業、本件会社といった他業界においても散見されると指摘する。

また、経営危機の渦中にあった家電製造大手シャープは、２０１５年11月20日、全社員（１万７４３６人）を対象とした、自社製品購入を促す「シャープ製品愛用運動」を開始した。これに伴い専用サイト「特別社員販売セール」を開設し、役員20万円、管理職10万円、一般社員５万円を目標とした、自社製品の購入（自爆営業）の呼びかけを始めた。購入額の２％は、販売奨励金としてバックされる。会社側は、この呼びかけを徹底すると共に、イントラネット上で社員の購入状況をチェックし、誰がいくら使ったかまで把握するとしていた。

どうしてこんなことになってしまったのだろうか。

企業は社会課題を解決するために生を受け、その実現指標として売上や利益が評価されるのが本来あるべき姿である。社会に生きる顧客がいて、従業員がいて、企業がいる。社会に生きる顧客に満足してもらえるプロダクト・サービスを提供し、その感謝度合いの対価として売上・利益を享受するのが健全な関係だったはずだ。

売上は感謝の数であり、利益は感謝の質である。企業が計上する売上や利益、その数字の背景には、創業理念や思いが詰まっているはずだ。１００年、２００年と続く老舗企業には、必ずこうした基礎思想が徹底されており、その思想は従業員教育にもふんだんに取り入れられている。従業員から売上を徴収するなど言語道断である。

にもかかわらず、シャープや日本郵政といった、日本を代表する企業まで、本来大切にすべき事業の存在意義を忘れてしまい、自爆営業に走ってしまう。売上・利益至上主義となってしまう。外的環境の劇的な変化に伴い、産業のコスト構造が変化しているのに、対処すべき事象に気づけない。なあなあ経営方針が怠慢なマネジメントを生み、怠慢なマネジメントが企業風土化し、企業風土は硬直化した組織を生む。組織が硬直化すると、外部情報が遮断され、学習意欲が緩やかに逓減していく。

本来企業は、他産業にも目を向け、外的環境の変化に常に敏感であり、変化に対応すべき時は、「ぶれない軸」を大切にしながらも、「柔軟」な発想で自社の経営構造を転換させていく必要がある。「柔軟」な発想を高める上では、社内リソースの増強に加え、外部リソースの補強が役立つ。性善説に立ち、人を良しとする日本の良き伝統は、同質性にこだわるあまり、時としてその相互監視機能を弱めてしまう傾向にある。

社内リソースの増強と、それに伴う企業風土は、組織の不和と不正・不祥事を天秤にかけ、後者を優先させてしまいがちである。社内リソースにこだわり過ぎるのではなく、外部企業との緩やかなアライアンスも前提にしながら、外部リソースも補強していくことで、異なる視点からビジネスプロセスを見直すことができる。外部からのフレッシュな視点は組織の硬直化の傾向を敏感に察知する。社内リソースに加え外部リソースも活用する組織は、企業存続に致命傷を与えかねないガバナンス違反に気づき、重大なコンプライアンス違反が発生するのを防ぐことができる。

２００８年1月、ＰｗＣアドバイザリー株式会社によって作成された「企業の不正に対する意識と防止・発見対策及び対応について」に、興味深い記述がある。以下に引用する。

従来から、トップダウン型の企業では、予算や目標達成へのプレッシャーが強く、売上の先行計上が行なわれ易い傾向にあったが、四半期決算の導入や部門別業績評価制度の導入等、組織としての予算達成へのインセンティブは強まる傾向にある。ここで問題なのは、組織ぐるみで不正会計が行なわれるケースが多く、証憑書類の改ざんまで行なわれると、発見することが極めて困難であることと、実行する者に不正を行なうという罪悪感が薄いことである。予算達成のための先行売上というのは決して新しい手法ではなく、昔から行なっているという営業部署もあり、営業部のトップが重大な不正として認識していないことも多い。

また、時には、不正会計を監視するべき経理部が先行売上を黙認していることもある。

つまり、架空売上の計上等は重大な不正会計であると認識しているが、収益計上の認識時期を調整することが重大な不正とは認識していないのである。

このように企業の上層部の不正会計に対する意識が低い場合、仮に恣意的な決算調整が発覚しても、責任者は何ら処罰されることも無く済んでしまうことになり、抑止力が全く働かない。今後、金融商品取引法によって有価証券報告書の記載内容が適正である旨の確認書への代表取締役の署名制度が導入されることで、企業の上層部に不正会計への意識が高まることを期待する。

（２００８年１月、ＰｗＣアドバイザリー株式会社、「企業の不正に対する意識と防止・発見対策及び対応について」より一部抜粋）

ここで取り上げられている事例は、不正会計に関するものである。

不正会計に伴う不祥事と言えば、後述する東芝の事件が記憶に新しいが、この引用が提言する主旨はつまるところ、トップから腐っていた場合、不祥事は防ぎようがないことを示唆する。組織ぐるみの不正は、内部監査機能も管理も腐らせてしまう。社内リソースが前提となる組織においては、「柔軟性」を欠いており、収益とガバナンスの健全なバランス感覚が失われている。引用文にある証憑書類の改竄などはもってのほかである。では、引用にあるように、代表取締役の署名制度が不正の抑止力になるのだろうか。

その有効性には疑問が残る。確認書の署名程度で、トップの不正意識が変わるとは思えない。トップは、株主のため、顧客のため、社会のため、良かれと思って不正会計に手を染めるのである。不正を働くものからすれば、こうした意識はいわゆる悪意なき正義であり、その行動は彼らの価値観では是とされてしまう。根本からコンプライアンス違反を防ぐためには、彼らの価値観そのものの変容が期待され、そのヒントに外部リソースの補強がある。

レジリエンスな経営を目指す上で、コンプライアンス違反は致命傷となる。不祥事は、「強くしなやか」な経営以前の問題であり、絶対に避けなければならない。

一方、組織は人でできている。そして人は完璧ではない。時に魔が差すこともあろう。

ここで大切なのは、安直なムラ意識で自社リソースを過剰に信頼することではなく、構造的に不正・不祥事が発生しづらいビジネスプロセスを構築しておくことである。後述するビジネスプロセスを完全開示しながら協業を図るコソーシングをはじめ、文化の異なる他企業、他組織、他人と横断的に組めば、嫌が応にも組織風土が開示され、健全なコンプライアンス意識が生まれやすくなる。

互いの組織風土・文化に共感し、全体のプロセスを共有していくことで、おかしいものはおかしいと指摘し、素晴らしいものは素晴らしいと評価する仕組みができる。日本郵政にとっては自爆営業が当たり前かもしれないが、サントリーにとってはそうではないかもしれない。ワタミは残業コストを削減することで低価格・良質なサービスを志しているかもしれないが、塚田農場を運営するＡＰカンパニーは、就職活動での成功を志す若い優秀な陣容で人件費を圧縮する手法を採っている。

企業にはそれぞれの思いがあり、その実現手段としてビジネスを選択している。ビジネスはあくまで手段であり、売上や利益は手段の進捗を図る指標でしかない。大切にすべきは企業が抱く社会への理念であり、事業存続の意義である。その理念を実現させるにあたり、社内リソースにこだわる必要はない。必要に応じ、都度外部企業と連携し、強みを引き出していけば良い。足りない要素を補いながら、健全なガバナンスを機能させつつ、発展的連携を行えば良い。

企業間の連携には、資本提携といった強固なものから、緩やかな提携まで広範囲まで及ぶ。連携を行う上で、必ずしも資本提携といった強固な関係性にとらわれる必要はない。むしろ、資本の注入に伴いどちらかの企業の「色」が強くなってしまうことに、ガバナンスリスクが再燃する可能性もある。緩やかな連帯では、連携する互いの企業それぞれの独自性を保持する。互いの企業は対等な関係性である。上下関係はない。また、どちらかの企業がどちらかの企業文化に染まるということもない。共通の目標に向け、双方のリソースとプロセスを共有しながら、良いところを取り入れ、正すべきことを正す。上場企業が非上場企業と提携することで、非上場企業は上場企業の厳しい内部統制を学ぶことができ、上場企業は非上場企業からその意思決定の速度や機動力の高さを得ることが可能となる。

また、企業間連携には、同業種間の連携と、異業種間の連携がある。いずれも実行する価値はある。同業種間の連携は、互いの商習慣やビジネスの理解が早く、効率的な連携が実現する。異業種間の連携は、異なる商習慣やビジネスモデルの刺激から、新しい発想や斬新なビジネスプロセスが構築される。トヨタ自動車はGoogleと提携し車載情報システム開発を協業している。積水ハウスは東芝、ホンダと連携し、住宅内でのロボット活用の研究開発に着手している。

異業種間の連携に関して、東レ経営研究所が作成した「今なぜ異業種コラボレーションなのか」に論点が整理されている。一部、以下に引用したい。

最近、異業種とのコラボレーション（協働）によって新たな価値の創出を図る企業の動きが活発になってきた。（略）単なる異業種企業間や産学官の連携であれば、以前から広範かつ精力的に行われており、特に珍しいものではない。しかし、最近の連携の事例は、漠然とした提携や共同作業、単なる協業や分業ではなく、創造性を志向しているものが多い。自前主義の自社開発にこだわることなく、その時点で一番強い要素技術を持つ相手と連携し、それを自社の強みと組み合わせて新たな価値をつくり出すことを目指す企業が増えてきた。

コラボレーションを、「単なる分業や協業ではなく、各構成員が個性や自律性を発揮し、その相互作業がもたらす創造性を意図的に発現させせようとする共同作業」と定義するとすれば、近年はこの正確な意味のコラボレーション事例が増えてきた印象がある。また、異業種間や、製造業とサービス業との間のコラボレーションの事例が目立つようになってきた。今なぜ、異業種とのコラボレーションによってイノベーションを起こす（新たな価値の創出を図る）動きが活発化しているのか。本稿では、その背景を昨今の企業を取り巻く環境やグローバル競争の構図の変化を踏まえつつ考察してみたい。

コラボレーションの増加の背景には、重要な2つの潮流があることを見逃してはならない。その一つは、コモディティ化の速度が速まったため、製造業企業は「モノからコトへ」の発想転換が必要になったことである。もう一つの潮流は、「つながる経済」化が進み、異業種間競争が頻発する時代になったことである。そして、これら2つの潮流を引き起こした背景には、「新興国の台頭」と「IT（情報技術）の発達」という2大要因がある点で共通している。（略）

コモディティ化（汎用品化）とは、ある製品が機能や品質などで差別化を図ることができなくなり、あたかも日用品のように低価格をもってしか差別化できなくなる現象のことである。どんな製品でもコモディティ化するのは今に始まったことではないが、近年はコモディティ化するスピードが昔に比べて劇的に速くなった。その理由は、ITの発達とデジタル化、部品のモジュール化の進展で、模倣が容易となり、日本メーカーが高付加価値製品を開発しても、すぐに新興国メーカーが、似たような製品を大量生産することが可能になったからである。

この結果、日本企業が世界に先駆けて高機能製品の開発に成功しても、驚くほど短期間のうちにコモディティ化して価格競争の世界に陥り、日本企業が長年の開発に費やした費用を回収して利益を出すことができなくなった。このような「コモディティ化の罠」に陥って「技術で勝っても事業で負ける」展開になるのを回避するための方策として、「モノからコトへ」の発想転換が注目されるようになった。すなわち、製品を中心に考えるビジネスから、製品という枠を超えて価値創造を行うビジネス（サービス分野への進出やソリューションビジネスなど）に転換する製造業企業が増えてきた。

ＩＴの進化によって、アウトソーシング（外部委託）が増え、部品のモジュール化が進展し、暗黙知の「形式知」化が進んだ結果、ものづくりは簡単に模倣できるようになり、新規参入のハードルが下がった。さらに、３Ｄプリンターなどの工作機械が小型化・低価格化・高度化したことを背景に、「デジタルものづくり革命」と称される動きが始まっており、従来は参入障壁が高かった製造業分野に誰でも（個人でもベンチャーでも非製造業でも）参入しやすくなってきた。

また、コンピュータとインターネットの進化により、「つながる経済」化のレベルが上がったことで、ＩＴを活用して従来不可能だったビジネスモデルが実現できるようになった。

「Ｍ２Ｍ（Machine to Machine：機器間通信）」「ＩｏＴ（Internet of Things：モノのインターネット）」という新語が注目を集め、あらゆるモノや場所にセンサーが搭載され、あらゆるハードウエアがインターネットにつながる時代が到来している。これにより、今まで存在しなかったビジネスモデルが着想、考案される可能性が増大した。これらを背景に、製造業において異業種間競争が従来よりも頻発、激化するようになった。これに伴い、産業のネットワーク化が進展し、「製造業のサービス業進出」と「サービス業のモノ進出」が同時に進行し、製造業とサービス業の境目は次第に消失しつつある。

（２０１４年11月20日、増田 貴司東レ経営研究所 産業経済調査部門長チーフエコノミスト著「今なぜ異業種コラボレーションなのか―高まるイノベーション創出効果への期待―」より一部抜粋）

引用にある通り、今はまだ、プロダクトベースでの緩やかな連携が主流となっているが、産業の境目がなくなるにつれ、今後は経営全体のビジネスプロセスを中心軸においた連携が主流となろう。事業理念、戦略、企画、製造、販売、管理といったプロセスベースで連携が強まれば、前記例のように、連携がイノベーションの機会となるだけでなく、健全なコンプライアンス意識の醸成にも貢献する。文化・風土の違う組織が連帯することにより、ビジネスプロセスに新たな視座を生み、相互にコンプライアンスチェックを働かせる。

業界を超えた緩やかな連帯は、公正な事業存続前提の条件である。連帯は相互監視機能を生み、互いの企業価値向上に貢献する。自社だけでは気づけない視点をもたらし、イノベーションの機会を創出する。ビジネスは奪うものから分け合うものに変容しつつある。他社を出し抜き自社が勝つ。そうした時代は終わりを告げ、他社と手を取り共に勝つ。こうした共創が前提の時代が到来する。他人を出し抜く思想は勝つために手段を選ばないという風土を醸成する。そしてその風土は、同一性を有する日本人のメンタリティに刺さり、勝つためには不正すらいとわぬという歪んだ価値観を醸成する。他人を出し抜く思想が終わり、他人と共に手を取り連携することが前提となれば、様々な立場を柔軟に考えられるようになる。緩やかな連携は、企業本来が有する「ぶれない軸」と「柔軟性」を担保する体制である。

レジリエンスな経営を実践する上で、緩やかな連携は欠かすことができない条件である。

ビジネスを奪わず、分け合う

元来、企業同士はライバル関係ではない。社会には常に課題があり、課題は資源の不足をもたらす。そうした資源の不足、言い換えれば足りないものを、企業が互いに補完し合う。この関係性が、本来あるべき姿である。そしてより合理的だ。これは、企業と個人の関係でも同じこと。どこからビジネスが生まれるか分からないこの時代に、組織の中で全てを賄おうとすると柔軟性を失う。レジリエンス経営の要諦は「ぶれない軸」と「柔軟性」だ。我々の理想とすべきパートナーシップは、誰かが組織やグループを牛耳る世界ではなく、プロジェクトベースでチーム編成を組み、利益もシェアする関係性である。資本が人を支配するのではなく、人が資本を支配する。全てのプロジェクトにおいて人を中心に据え、人が中心となってビジネスが生まれていく。生まれたビジネスはプロジェクトに属し、プロジェクトを通じ関わった組織に分配される。

この思想を実現するに最も適した組織形態として、ＬＬＰというものがある。

これは、Limited liability Partnership と称される海外の類似事業体と同じく、株式会社や有限会社などと並ぶ、「有限責任事業組合」という新たな事業体である。具体的には、①構成員全員が有限責任で、②損益や権限の分配を自由に決めることができるなど内部自治が徹底し、③構成員課税の適用を受けるという3つの特徴を兼ね備えている。大企業、中小企業、個人の専門家といった、規模やスケールが異なったプレーヤーが、プロジェクトを共同で実施する上で、極めて便利な組織形態である。

LLPは、ビジネスを奪わず、分け合う、そんな時代を象徴する理想的組織形態である。そしてLLPは、レジリエンスな経営を実践する上で、欠かすことのできない組織的役割を果たす。LLPは企業をつなげ、単独でなしえない集合知を生み出す。以下に、その特徴を順に見ていきたい。

まず、LLPの大きな特徴の一つとして、1．有限責任制度が挙げられる。LLPの構成員は、法人・個人問わず、皆が有限責任である。出資者（LLPの場合、組合員）が、出資額の範囲までしか事業上の責任を負わないこととする制度である。LLPの構成員が有限責任である限り、出資者にかかる事業上のリスクが限定され、共同事業に取り組みやすくなる。往々にして、組織の枠組みを超えて共同事業を行うケースにおいては、大規模事業が前提とされる。例えば映画や、大がかりな投資ファンドなどである。

大がかりな事業を展開する上で、関係する構成員が無限責任を背負わされた場合、そのリスクは青天井となり、参加者交流の「柔軟性」が失われてしまう。LLPにおいては、構成員が出資した金額以上の責任を負わない有限責任制度が前提となっているため、手軽に、気軽に、LLPに参加することができる。プロジェクトベースのビジネススタイルを実現する上で、その効率が極めて上がる。

また、LLPにおいては、2．内部自治が徹底している。より具体的には、組織の内部ルールが法律によって詳細に定められるのではなく、出資者（組合員）同士の合意により決定できる。

この内部自治には、２つの意味がある。

一つは、ＬＬＰの構成員間で、出資比率によらず、損益や権限の柔軟な分配ができる。これは、資本管理からの脱却を意味する。

通常の株式会社においては、如何なるロジックよりも資本比率が優先するが、ＬＬＰにおいては「純粋な貢献」に対する見返りとして損益や権限を付与することができる。ＬＬＰは、プロジェクトの目標達成が存続の意義である。プロジェクトが目指す目標を達成する上では、構成員間のフェアな評価が必須となる。ＬＬＰは内部自治が徹底されており、構成員が貢献に応じて、公正な報酬を受け取ることができる仕組みは、プロジェクトに「ぶれない軸」を付与することができる。もう一つには、取締役などの会社機関にＬＬＰが強制されることがなく、内部組織が柔軟であるという意味もある。ＬＬＰの構成員である会社の機関がＬＬＰを支配してしまうと、資本の論理が機能してしまう。ＬＬＰのガバナンスは会社機関から独立させ、出資者の間で柔軟に決めることができた方が、共同事業を行うに際し、重要な出資者（組合員）の動機づけ（インセンティブ）を高めることが容易となる。

ＬＬＰの３つめの特徴として、３．構成員課税というものが挙げられる。これは、ＬＬＰの組織段階では課税せず、出資者（構成員）に直接課税する仕組みである。

この制度は、パススルー課税とも呼ばれる。構成員課税の効果としては、ＬＬＰの事業で利益が出た時には、ＬＬＰ段階で法人課税は課されず、出資者への利益分配に直接課税されることとなり、二重課税を防ぐことができる。また、ＬＬＰの事業で損失が出た時には、出資の価額を基礎として定められる一定額の範囲内で、出資者の他の所得と損益通算することができ、「柔軟」な租税効果を享受することが可能となる。

企業が自社以外の存在をライバルとみなす時代は古い。競争から共創の時代とは良く言われることであるが、プロジェクトベースで企業が横断的にパフォーマンスを提供する時代において、ＬＬＰという組織形態は非常に利便性が高く、今後ますます注目される組織形態となるだろう。以下に、ＬＬＰという組織形態はどのような分野に活用できるか、検討を進めてみたい。

経済産業省のウェブサイトによると、具体的に以下のシーンでＬＬＰが活用できると想定されている。一つひとつ特徴を見ていき、ビジネスシェアのスタイルを実現しうる、ＬＬＰの今後の可能性について議論してみたい。

1．大企業同士が連携して行う共同事業（共同研究開発、共同生産、共同物流、共同設備集約など）
2．中小企業同士の連携（共同研究開発、共同生産、共同販売など）
3．ベンチャー企業や中小・中堅企業と大企業の連携（ロボット、バイオテクノロジーの研究開発など）
4．異業種の企業同士の共同事業（燃料電池、人工衛星の研究開発など）
5．産学の連携（大学発ベンチャーなど）
6．専門人材が行う共同事業（ＩＴや企業支援サービス分野：ソフトウェア開発、デザイン、経営コンサルティングなど）

7．起業家が集まり共同して行う創業

まず、1．であるが、大企業とはいえ、全てのリソースを１００％自前で完璧な商品を開発することは難しい。他社との連携を通じ、自社の期待するアウトプットを目指す。他社と連携する上で、株式会社を共同で創るＪＶ（Joint Venture）という制度では、どうしても資本比率の高い企業が有利となってしまい、実際のパフォーマンスに応じた利益分配が実現されないこととなってしまう。また、３社、４社と複数の企業が絡むジョイントビジネスはそれぞれの条件交渉が大変ややこしくなってくる。ＬＬＰはこれらの問題を全て解決する。有限責任が前提となり、内部自治を自由に決められることで、貢献とリターンがクリアになる。パススルー課税が適用されることで、税制上も複雑な手続きが不要となる。

ＬＬＰは、大企業が他の組織と連携する際に、共同プロジェクトを組みやすい役割を果たす。

ＮＴＴグループは、２０１５年5月の記者会見において、ＮＴＴグループ各社からの拠出金でＬＬＰをスタートさせたことを発表した。具体的には、15億円のファンドをＮＴＴ持株が預かり、幅広い事業主体とのパートナリングを推進しつつ、またＩＣＴを活用した自治体との連携を強化していくといった取り組みを行っていくことを目的としている。同じＮＴＴグループとはいえ、大企業であれば利害関係がそれぞれ異なる。互いの事情を法人間で直接ぶつけあうのではなく、ＬＬＰがバッファとなり、互いのリソースをシェアしながら事業展開を切り開く。同じ資本参加にあるとはいえ、大企業であれ、ＬＬＰを活用する。

次に2．3．であるが、言うまでもなくＬＬＰは、中小企業同士の連携や、ベンチャー企業と大企業といっ

た組織規模の異なるプロジェクトも「柔軟」に推進する。LLPは、企業体力が少ない中小企業に柔軟な連携スタイルを付与し、資本がある企業と、資本が少ない企業を結びつける役割を担う。内部自治が独立しているがゆえ、資本力のある大企業には現金出資を、資本力の少ない中小企業には現物出資を認めることで、貢献とリターンの健全な関係性を保ち、ビジネスのシェアを加速させる。また、大企業とベンチャー企業は、そもそも組織規模・資本力が大幅に異なる。

企業として圧倒的な体力差がある場合においても、LLPを活用することで、全く対等なパートナーシップを実現することが可能となる。大企業が中小企業から搾取するバリューチェーンとは根本から異なり、大企業の困りごとを、実力のある中小企業がカバーする、共に支え合う「共創」のロジックが実現する。『起業のファイナンス』等の著書でも著名な磯崎哲也氏（磯崎哲也事務所）は、２０１２年１月１日、株式会社インターリンク、及び同社代表取締役横山正氏ら三者が組合員となる、ベンチャー支援組織「有限責任事業組合フェムト・スタートアップ（Femto Startup LLP）」を設立した。純粋な金銭出資だけでなく、ベンチャー創業期に具体的なコンサルティング、業務支援までを包括的に行うことを目的とし、LPS（投資事業有限責任組合）という形態ではなく、LLPという形態を選択したと言う。この事例は、状況や資本規模、それら全てが根本から異なるベンチャー間の連携、その円滑油となる好例である。

また、4．異業種の企業同士の連携においても、LLPの活用可能性は広がる。異業種の企業は、企業文化が異なる。求める成果も異なる。営業会社であれば何より優先されるのは売上と営業利益であろうし、製造業であれば何より優先されるのはクオリティである。こうした、市場に期待されるアウトプットが根本から異なる企業は、通常の契約形態でアライアンスを組むのは難しい。ＬＬＰでは、期待される役割を構成員間で自由に決めることができる。企業対企業では互いの利害がぶつかり合い、理解されない期待成果も、ＬＬＰという器に入れれば、「共感」と「リスペクト」を誘発することができるようになる。

売ることも成果、つくることも成果。

ここまでつくったら貢献度合いはここまで、これを売ったら貢献度合いはここまで、と、企業機関にこだわらず内部自治を行うことで、柔軟なアライアンスが実現する。ＪＲ東日本とＮＴＴドコモは、２００６年７月に、両者が２億円ずつ出す形で、電子マネーの共通端末やシステムを運営・管理するＬＬＰを設立した。同じインフラ事業とはいえ、交通と通信は期待される成果も役割も全く異なる。その状況の中で、電子マネーの共通端末の普及や運営には「同じ志」を持つに至り、互いの強みと役割に共感しＬＬＰが実現した。この形態は、異業種企業間のＬＬＰにおける好例である。

次に、５．産学の連携においても、ＬＬＰの活用は検討に値する。産学連携と言えば、大学発ベンチャーである。大学発ベンチャーの成功事例と言えば、ミドリムシ（学名：ユーグレナ）を中心とした微細藻類に関する研究開発及び生産管理、品質管理、販売等を展開し、一気に東証一部上場まで駆け上がった、東大発ベンチャー、株式会社ユーグレナが思い浮かぶ。当然ながら、成功した産学連携ビジネスの裏には、星の数ほどの失敗事例があろう。大学はリベラルアーツの場である。学術の場だ。翻ってベンチャーは実学の世界である。いわば戦場だ。資金という鉄砲が飛び交い、油断すればすぐに資金が枯渇してしまう。大学における研究活動と、企業経営における収益創出。この2つほど水と油的に性質が異なるものは少ないだろうが、ここでもLLPの組織を一つのバッファにすることで、両者の強みを引き出すアライアンスが実現する。

九州大学、島谷研究室（流域システム工学研究室）発ベンチャーである株式会社リバー・ヴィレッジは、同じく福岡県内に存在するエフコープと、Seeds of energy 有限責任事業組合を設立した。エフコープは、福岡県内47万人の組合員が利用する生活協同組合で、このLLPは組合と大学発ベンチャーが座組みをするユニークな形態を取っている。エフコープは脱原発の姿勢を明らかにしており、再生可能エネルギーについての知見を求め続けてきた。特に、「太陽光発電」や「風力発電」の提案を実施しており、「小水力発電」については、九州大学の島谷研究室と意見交換を行いながら、専門的分野については調査・研究を進めてきた。小水力発電事業の具体化にあたり、総合的な知見が求められることが確実となったため、LLPという形態にて、アライアンスを組むこととなった。生活協同組合と九州大学、一見相容れないこの2組織ですら、互いの組織形態を「柔軟」に変容させながら、LLPという形でアライアンスにまで昇華させることができる。資本の論理に縛られない形態を実現させるLLPは、産学連携を現実化させる。

また、6．専門人材が行う共同事業においては、LLPが極めて普及しやすい領域であると言える。専門家が集い、特定領域でアライアンスを組むにあたり、LLPという形態は極めて利便性が高い。

Game Creator Incubation 有限責任事業組合というＬＬＰがある。

これは、アクセルマーク株式会社（代表取締役社長：尾下順治／所在地：東京都中野区／証券コード：３６２４、以下アクセルマーク）が本年5月に設立した有限責任事業組合で、主にゲーム会社に対する出資を行っている。このＬＬＰは、スマホ向けゲーム開発における開発費の高騰、不確実性の高いビジネスモデル、ファイナンススキームの選択肢の少なさ、及び開発チーム育成等、多数の課題解決をきっかけに生まれた。

前記、課題を解決する一助として、アクセルマークグループ、及びＬＬＰ参画企業の経験・ノウハウ等を活かした新たな事業スキームを構築することで、多くの優良なゲームを国内・海外市場へリリースし、スマホ向けゲーム市場の更なる成長と開発チームの育成等に資することを目的としている。

後日、このＬＬＰには、同じく公開企業である株式会社 Aiming（代表取締役社長：椎葉忠志／所在地：東京都渋谷区／証券コード：３９１１、以下 Aiming）が参画し、その理念と目的に共感している。

異業種間で利害を調整する上でＬＬＰは有効機能することを確認したが、同業種間、言い換えれば専門業種間における関係においても、ＬＬＰはその威力を発揮する。特にＩＴ、金融、経営コンサルティングといった、「その筋でなければ共感できないポイント」が沢山ある。そうした点をシェアできる関係性においては、ＬＬＰという存在の意義は大きい。また、テレビやアニメ、映画といったコンテンツ業界においても、ＬＬＰの活用可能性は議論されている。アニメや映画製作の世界において、旧来は製作委員会方式という、民法上の任意組合をベースにした契約形態で展開されるケースが多かった。任意組合においては、構成員（出資者）が無限責任を負うため、事業失敗に対するリスクは大きいものがある。

その影響で、出資者は、映画会社、テレビ局、出版社など、大手事業者のみに限定され、業界外の者が出資するのは難しい組織形態であった。それに対しＬＬＰは、前記の通り、有限責任、内部自治、パススルー課税という特徴を持つ。これらの特徴は、コンテンツ産業のリスクをヘッジし、その連携性を強める期待がある。実際、読売テレビ放送のグループ３社は、ＬＬＰを活用し、アニメ制作会社など４社と協力しながら、米国向けアニメーション配信を中心とする事業を開始した。参画するのは、読売テレビ放送、読売テレビエンタープライズ、エイデックの読売テレビグループ３社と、竜の子プロダクション、手塚プロダクション、ぴえろ、Quarkpro の４社である。こうした大規模なメディア関連会社に限らず、中小規模なコンテンツ会社間においてもＬＬＰを活用する事例が出始めている。今後は、ＬＬＰが主流となる時代が来るかもしれない。

最後に、７．起業家が集まり共同して行う創業においても、ＬＬＰの活用可能性は広範囲にわたる。起業家はヒト・モノ・カネ・情報、あらゆるリソースがないないづくしである。特に立ち上がり間もないスタートアップ段階においては、社内リソースだけでビジネスを完成形に持っていくのはとても不可能に等しく、起業家同士が何らかの形で支え合って協業しなければ生き抜くことすらおぼつかない。資本が少ないもの同士がアライアンスを強固にし、「共に」事業を立ち上げる上でも、ＬＬＰという形態は抜群のファンクションを発揮する。前記した磯崎哲也氏の立ち上げた、起業家支援を目的とするフェムト・スタートアップは勿論のこと、起業家が自身の関わる産業をもり立てるためにＬＬＰをつくるケースも多い。エコジャパンコミュニティＬＬＰは、総合環境コンサルティングを掲げる株式会社エコエナジーラボ社をはじめとし、４社の起業家が集まって生まれたＬＬＰである。当ＬＬＰの目的は以下の通りである。

〝エコビジネスの芽を見つけ育てるコンテスト〟(eco japan cup)の官民連携協働で行う公益事業を通じ、エコジャパンコミュニティＬＬＰに参加する者の有する専門的な知見と技術を活用して、事業の運営、事業の発展に努め、環境ビジネスの次世代育成支援を行い、環境ビジネス、ソーシャルビジネス、コミュニティビジネスによる地域活性化、日本経済の発展を促進し、日本から世界に向けて〝環境と経済の好循環〟を発信する、公益に資する事業を行う。

（エコジャパンコミュニティウェブサイトより一部抜粋）

エコジャパンコミュニティの設立目的にある通り、ＬＬＰは必ずしも「特定ビジネス」を執行するためだけのものではない。当ＬＬＰにあるように、同じ業界の起業家が募り、業界活性そのものを目的としたイベント活動にも資するケースがある。ビジネスコンテストを企画することで、様々な産業がその業界に生まれ、業界そのものが発展すれば、そこで活動する自身のビジネスにもいつか貢献が還元される、とする考え方はまさに社会的であり、ＬＬＰらしい思想である。特定の企業だけを対象とするのではなく、他の企業とアライアンスを組みながら産業発展を考える。「強くしなやか」なレジリエンス経営を実践する上で、企業間が連携して産業発展をするケースは、大変参考になる事例である。

以上、ＬＬＰの特徴を整理した。

改めて概観してみると、ＬＬＰという組織形態は、「ピープル・ビジネス＝人的資本中心」であると言える。資本が中心の株式会社と異なり、ＬＬＰは人が中心となっている。

人が中心の組織が時代に求められているがゆえ、普及が進んでいると言える。ＬＬＰが普及する背景に、抜本的な産業構造の変化が挙げられる。製造業をはじめとする旧来の企業は、土地、工場、設備といった、モノを持ち、モノを中心とする資産＝物的資本こそが、企業の中核的な価値であると認識されてきた。そして、物的資本を全てと考える価値観のもと、資本という換金性の高い物差しを全てに優先させていく、そんな企業のあり方に最も適した形として、株式会社の仕組みが整備され、展開されてきたという背景がある。しかし、時代の流れとともに、商標や特許といった知的財産権（ライツ）やブランド、こうした目に見えない資産（インタンジブル・アセット）に価値の重きが変わった。そして、こうした無形固定資産（ノウハウ）を生み出し、企業経営の重要なリソースとなりうるものを生み出せる、いわばスキルや人そのものに帰属する価値の希少性こそが、今後の産業における成長のカギと言える。

ＬＬＰという「身軽」で「気軽」なアライアンスを実現する組織形態は、硬直化した組織をほぐし、組織に新しい風を吹き込む。この風は、組織にしなやかさを加え、社会に求められるサービスをクイックに生む。

そして、このＬＬＰという形態は、後述するコソーシングの実践を行う上で、必須の組織形態となる。レジリエンス経営の要諦である、「ぶれない軸」と「柔軟性」を支えるにあたり、ＬＬＰという組織形態を活用したコソーシングこそ、アライアンス全盛の時代、最も有力な組織形態になると言える。レジリエンス経営の実践の場は、まさにＬＬＰに大きなヒントがあると言っても過言ではない。

第3章

コソーシングは
レジリエンス経営の要

レジリエンス経営＝「ぶれない軸」と「柔軟性」

経営学者として名高いドラッカーは、企業の目的の定義は一つしかないと喝破した。それは「顧客を創造すること」だと。抜本的に変化する外的環境にさらされる昨今、企業や組織の役割について、改めて存在の在り方が問われている。利益追求はさることながら、コーポレートガバナンスの強化、企業の社会的責任（ＣＳＲ）など、一民間企業であったとしても、広範な役割が求められつつある。

そんな昨今であるが、自社の事業理念に沿った「顧客を創る」、という目的は、企業が果たすべきあらゆる役割の前提条件となるものであり、不変の法則として時の洗礼に耐え抜く真理である。企業経営者の誰もが納得し共感する定義であろう。

「顧客の創造」を企業目的の前提とした時、企業経営者（リーダー）の果たすべき役割とは何だろうか。

資源の最適配分、企業の方向づけ、人を動かす、ブランド価値向上、たゆまぬ努力で技術革新にコミットする等々、経営者として与《くみ》すべき業務は多岐にわたる。どれも大切であり、どれも欠かせない。経営とは総合芸術である。様々な経営プロセス、それぞれが多角的に組み合わさることでアウトプットが生まれ、成果が出る。成果は利益となり、企業存続の条件となる。企業経営には無数とも思えるほど、あらゆる経営プロセスがある。そうした経営プロセスにおいて、全ての軸となるべきものは、言うまでもなく「企業理念」であろう。

古典派経済学的に言えば、社会には、「企業」があり、「家計」があり、「政府」がある。企業は常に社会と共にある。そして社会は、「企業」「家計」「政府」それぞれのプレーヤーがそれぞれの貢献を重ね合い、成り立っている。あらゆる企業はその誕生の際に、社会に対する何かしらの問題意識を持ち、その社会問題を解決する手段としてビジネスモデルを構築している。企業は単独では存在しえない。ビジネスモデルもまた然り。企業もビジネスも、その在り方は、社会という存在との「相対的関係性」の中で定義づけられ、その接点なくして語ることは不可能だ。社会は企業を創り、企業は社会を創る。社会に対し、何かを成し遂げたいという思い（意識）が先行して存在し、その実現手段としてビジネスモデルがある。そして、そのビジネスモデルを発展的に展開するために、様々な経営プロセスが存在する。

プロセスそれぞれは企業経営の発展に欠かすことのできない重要なものだが、それ以上に重要なのは、そもそものビジネスモデルの成り立ちであり、最終的には企業理念に回帰される。「その企業はなぜ存在し、一体どこに向かおうとしているのか」。この問いから逃げずに真っ向から向き合い、存在意義を徹頭徹尾、突き詰め続けることこそ経営の要諦であり、リーダーの果たすべき役割であろう。企業の目的が「顧客の創造」であるとするならば、企業経営者の存在意義は「なぜその顧客を創造するのか、その理由の言語化」である。社会に対する明確な問題意識と、その解決手段としてのビジネスモデルが、矛盾なく一貫している企業は、軸がしっかりしているし、強い。レジリエンス経営の実践において、この「軸の強さ」、言い換えれば「ぶれない軸」は最重要であり、欠かすことのできない要素である。

「ぶれない軸」と並び、レジリエンス経営を実践する上で重要なファクターを掲げるとすれば、「柔軟性」が挙げられる。

パナソニックの創業者として著名な松下幸之助は、自身の経営哲学語録に、水道哲学というものを掲げた。水道哲学とは、幼少期に赤貧にあえいだ松下幸之助が、蛇口を開けばいくらでも出てくる水道の水のように、低価格で良質なものを社会に大量供給することにより、物価を低廉にし、消費者の手に容易に行き渡るようにしようという思想（経営哲学）である。この思想が明確に打ち立てられたのは、1932年と言われている。時代は第二次世界大戦に突入する少し前。満州国建国が宣言され、現代と比較すればまだまだ日本の生活インフラが窮乏していた。多くの家庭では家事に物理的工数を奪われ、効率からほど遠い生活をする日本人が大半であった。そうした時代背景のもと、松下幸之助の社会問題意識がふつふつと湧き上がったことから、水道哲学という思想が生まれた。そしてその思想は多くの人の共感を呼び、パナソニックグループの組織的発展に貢献した。

翻って、現在のパナソニックウェブサイト内、経営の考え方の項目をクリックすると、「A Better Life, A Better World」という思想が書かれている。日本語の説明では、「私たちパナソニックは、より良いくらしを創造し、世界中の人々のしあわせと、社会の発展、そして地球の未来に貢献しつづけることをお約束します。」とある。経営理念の項目にこそ松下幸之助の意思が色濃く残されているが、グローバル化する現代社会に即したコーポレートアイデンティティが見受けられ、時代に合わせた変化をしていることが見て取れる。

「ぶれない軸」＝企業理念の探求

創業者を中心に、企業の黎明期に貢献した理念を継続することは大切だ。神話のない国は滅びると言われる。創業期の企業理念は、その事業体の在り方を探求する上で欠かすことはできない。一方で、企業は常に社会と共にあり、社会が変容する限りにおいて、その変化に企業側の在り方を変化させていく必要もある。企業理念を貫くからこそ、変容する社会に合わせて柔軟な対応が求められる。

柔軟な対応が、ビジネスプロセスの発展的見直しを誘発する。「ぶれない軸」と「柔軟性」。一見すると矛盾するこの二大要素は、有事があろうと、未曾有の大災害が起ころうと、10年、50年、１００年、１０００年と、企業が存続する上で、言い換えれば、レジリエントな経営を実践する上で、欠かすことのできないファクターであることが分かる。

以上の考察から、しなやかで強靭な経営を実践する上では、「ぶれない軸」と「柔軟性」に要諦があることが分かる。レジリエンス経営を実践させ、「強くしなやかな企業」を創るためには、この二大要素を車の両輪とし、しっかりと設計・構築することが必要である。では、その「ぶれない軸」と「柔軟性」を如何に両立させていくか。このヒントに、コソーシングという経済形態があると考える。

コソーシングとは、委託企業と受託企業が、対等の立場で作業を進め、利益を配分する契約形態である。いわば、アウトソーシングとインソーシング、両者の良いとこ取りをした形態だ。一般的なアウトソーシングでは、業務プロセスを見える化し、各プロセスに関する作業を全面的に外部へ委託するものである。それに対して、コソーシングでは内製（インソーシング）を同時に進める。これにより、社内でノウハウを蓄積することで知識空洞化を防ぎ、また、専門家である受託企業から高度なノウハウをシェアすることなども期待できる。コスト削減などにより想定を上回る収益が上がった場合には、両者で折半して配分する。いわば、アライアンスとシェアモデル。

受託企業はそのノウハウを共有し、委託企業はその経営プロセスを共有することで、両者が収益を生み出せる形態、これが、レジリエンス経営実現の重大なヒントになることが期待できる。

繰り返しになるが、レジリエンスな経営を実践する上では、「ぶれない軸」と「柔軟性」の早急な構築が要諦である。「ぶれない軸」とは、言い換えれば企業理念で

コソーシングの強み・特徴

	選択肢	Pros	Cons	昨今の事件（事例）
これまで	インソーシング（いわゆる“丸抱え”）	・自社へのノウハウ、スキル蓄積 ・競合優位性につながるイノベーション機会の確保	・事業・組織の硬直化 ・固定費の維持増加 ・業務の属人化	・フォルクスワーゲンの排ガス規制逃れ問題 ・東芝の利益水増し問題
これまで	アウトソーシング（いわゆる“丸投げ”）	・受給バランスに合わせた事業拡大/縮小 ・コスト・ダウン ・固定費の変動費化	・ノウハウやスキル空洞化 ・長期的にはコストアンコントローラブル ・ガバナンスの弱体化	・グッドウィルのデータ装備費問題 ・旭化成建材の杭打ち事件
これから	コソーシング（いわゆる“協業”）	・コア・コンピタンス強化（コアノウハウ、スキルの蓄積） ・オプティマイゼーションの推進（経営資源の選択と集中）	・提携先の力量によりパフォーマンスや成果に大きな差異が発生（最適な提携先の選定がKSF）	―

あり、企業存続の意義である。社会に対して何を為し、企業としてどこを目指すのか。この軸がぶれていてはとても経営はおぼつかない。一方で、事業を展開するインフラである、社会そのものは時代と共に変化する。企業が社会と共にある以上、当然ながら、社会の変化に合わせて、事業形態も変えていかなければならない。ここで問われるのが「柔軟性」である。技術革新。価値観の変容。多様化する働き方。こうした外的変化に対して、「ぶれない軸」を保持しながらも、「柔軟性」を失することなく粛々と変化対応を行っていく。そんな経営が、レジリエントとして理想的な在り方であろう。

「ぶれない軸」・「柔軟性」＝コソーシングモデルこそ最高のメソッド

コソーシングでは、委託企業と受託企業間で、作業内容や戦略（プロセス）、期待される成果（アウトプット）などをあらかじめ共有する必要がある。プロセスコミットで許されるアウトソーシングと異なり、コソーシングではアウトプットコミットが求められる。つまり、成果を生み出さなければならない。そのために、委託企業が成果として何を期待しているのか。そもそも、何故その成果を期待しているのか。その成果を生み出した先に何があるのか。こうした、理念探求型のアプローチ、事業のそもそもの在り方を確認することから、コソーシングの形態は生まれる。この、成果の定義・根拠が曖昧であると、受託企業はもちろんのこと、委託企業も上手くいかない。双方失敗する。プロセスの作業をすればお金が支払われるアウトソーシングと異なり、コソーシングは、成果を生み出すところまでコミットしなければならない。成果目標の策定から、その背景までをシェアし、着実に実行するまでの全てを共有する必要がある。

この、全て、というのがポイントだ。インソーシングやアウトソーシングに比して、コソーシングはその実行に向けあらゆるアセット・プロセスの共有を行う。その執行にはリスクを伴うが、それ以上のリターンが見込める。

ここで改めて、インソーシング、アウトソーシング、そしてコソーシング、それぞれの形態のメリット、デメリットを整理し、コソーシングという形態がレジリエンス経営の実践に貢献するかの是非を検討していきたい。まずは、インソーシングの特徴、メリットとデメリットについて、触れていきたいと思う。

言うまでもなく、インソーシングにおいては、自社の目指す成果やその目標設定の背景、実現させるプロセスについて、一切の開示・共有をする必要はない。インソーシングはアウトソーシングで学んだノウハウを全て自社の中に取り込む、いわば自社単独で〝丸抱え〟する思想であり、機密情報その他一切は全て自社内で取り扱う。従って、経営プロセスをはじめ、あらゆるアセット・ノウハウを外部企業とシェアすることはありえない。一見するとリスクは低く、手堅い経営形態のイメージが湧く。

インソーシングの強み・メリットは、言うまでもなく、1．自社へのノウハウ、スキル蓄積であり、それらをベースとした、2．競合優位性につながるイノベーション機会の確保である。インソーシングは、まさに競争社会における経営効率を最大化させた形態であり、〝戦いを前提〟とした形態である。他人を信じず、自分を信じる形態である。如何に他社と差別化をし、如何に他社を出し抜くか、これらを前提に組み立てられている。

インソーシングは秘密主義である。ゆえにノウハウの蓄積やイノベーション機会をもたらす。一方、あらゆるリソースを内製化することが前提となっているため、当然ながら固定コストが増す。加えて、他社との混じりが少ないため、事業における、組織の硬直化を招きやすい。外部から情報が入ってこないため、企業文化に歪みが生じやすい。結果的に、業務が属人化しやすくなり、ビジネスプロセスが人に依存する「柔軟性」に欠けた組織となる傾向がある。有事の強さは期待できず、レジリエンスな経営という目線で評価すると、組織の硬直性がそのまま事業リスクに直結している印象を受ける。

ノウハウが表に出ず、徹底した秘密主義で経営を推進することは、製造業をはじめとする特定産業に特化した業態であればパフォーマンスを発揮するが、当然に相応のリスクが伴う。昨今の事例で言えば、フォルクスワーゲン社の排ガス規制問題などが挙げられる。同社の事件に関する概要を以下に記す。

〈フォルクスワーゲン社による、排ガス規制逃れ問題〉

２０１５年9月18日、米環境保護局（ＥＰＡ）は排ガス規制を逃れるソフトウェアを搭載していたとして、独自動車大手のフォルクスワーゲン（ＶＷ）に対し、米国で販売された約48万2千台のシステムを改修するように求めた。ＥＰＡなどは大気浄化法に違反する疑いがあるとして調査に着手した。

米メディアによると、米当局は同法違反で1台あたり最大３万７５００ドルの制裁金を課すことができ、ＶＷへの制裁金は最大１８０億ドル（2兆１６００億円）に上る可能性があるという。ＥＰＡによると、対象は２００８年以降に販売された4気筒のディーゼルエンジンを搭載した車両で、ＶＷの「ゴルフ」や、ＶＷグループのアウディの「アウディＡ３」など5車種。

（２０１５年9月18日、朝日新聞）

ドイツ自動車大手フォルクスワーゲン（ＶＷ）の排ガス規制逃れ問題で、英紙フィナンシャル・タイムズは15日、世界最大級の政府系ファンド、ノルウェー政府年金基金が、ＶＷに損害賠償を求める訴訟を数週間以内にドイツの裁判所に起こすと報じた。ＶＷは２０１５年12月期決算で、排ガス不正の対策費として１６２億ユーロ（約２兆円）を計上し、過去最大の１５億８２００万ユーロの赤字に陥った。同様の訴訟が相次ぎ、損失が一段と膨らむ可能性がある。年金基金はＶＷの普通議決権で１・６４％の株式を保有する第4位の大株主。問題発覚で株価が暴落し、損失を被ったとしている。ＶＷに対しては、米国のカリフォルニア州公務員退職年金基金やドイツ損害保険大手アリアンツの資産運用会社などがドイツで集団訴訟を起こした。

（２０１６年5月16日、産経新聞）

排ガス規制を逃れる目的でソフトウェアを改竄したこの事件は、事象を見れば極めて恣意的で悪質だ。改めてその発生要因を検討すると、「結果を出すには不正も是」とする、歪んだ企業文化が見て取れる。ディーゼル車にとって排ガス規制は最も誠実に向き合うべきプロセスであり、その要点にインチキな改竄を加えるというのは、組織としての明白な悪意がある。これは決して個人レベルの問題ではない。組織ぐるみの問題である。硬直化した組織と、属人化した業務による秘密主義の脆弱性が頭に浮かぶ。リソースやノウハウをシェアすることなく、全てを自社で丸抱えにする思想は、他者の指摘を排除し、独善的な判断を生む。正常な判断を失い、硬直的な視点から、不正を不正と感じなくなってしまう。

また、日本国内の事例で言うと、東芝の利益水増し問題も、同じくインソーシングのモデルが引き起こした事例と言える。同社の事件に関する概要も以下に記す。

〈東芝社による、粉飾決算問題〉

２０１５年（平成27年）７月20日、第三者委員会の報告書により、経営トップの関与による２００９年３月期から２０１４年４－12月期で計一千五百億円の利益を水増しする粉飾決算を行っていたことが報告された。同報告書では過去7年間で一千五百億円を超える利益の水増しの事実に加え、「チャレンジ」と呼ばれる予算達成のプレッシャー、「社長月例」と呼ばれる会議でのつるし上げなどのパワーハラスメントのもと、経営トップが関与して〝不適切会計〟が行われたと分析している。この問題により、7月21日に田中久雄が社長を辞任するほか、副会長で前社長の佐々木則夫、相談役で前々社長の西田厚聰ら７人が取締役を辞任することが発表されるなど、歴代3社長含む経営陣が7年間にわたりこの事件を主導してきたとして株主からも訴えられている。この不正会計処理の対象は、コモディティ化で利益の出にくくなったパソコン事業、リーマンショックで落ち込んだ半導体事業、福島原発事故で新規受注が落ち込んだ巨額の資金で買収した米ウエスチングハウスの原発事業などが発覚している。これらの事業の不採算によって財務体質が悪化し、赤字をごまかすために粉飾決算を行ったとみられている。また、「サザエさん」の提供読みにおける社名読み上げ、同年夏の「ＦＮＳ27時間テレビ」の新人アナ提供読みでのクレジット、読み上げの自粛も行われた（ただし両者ともに、ＣＭの自粛までは行われていない）。

（Wikipedia より一部抜粋）

東芝の事件においては、「チャレンジ」という独自用語が目を引く。外部からの情報を遮断し、独自の組織風土を生み出す。予算達成を当たり前とする独自の文化を徹底教育し、外部からのチェックを入れようとしない。まさにインソーシングの引き起こすネガティブな側面、その典型的な事例である。独自用語や「社長月例」といった儀式まで用意しているところに、徹底して硬直化した組織の悪質な意図が見て取れる。この事例から見る東芝は、レジリエンスな経営を議論する以前の問題を抱えている。リソースやナレッジを極端にシェアしない風土は、風通しを悪くし、組織から正常な判断を失するまでに至る。

以上の事例を踏まえると、「柔軟性」を欠き、硬直化した組織をつくりかねないインソーシングは、その機密性の高さやナレッジの蓄積といったメリットもあるが、重大なコンプライアンス違反までをも組織として是としてしまう、事業存続の致命的リスクも十分に介在することが分かる。

次に、アウトソーシングにおける企業経営のメリット・デメリットを以下に整理してみたい。

アウトソーシングとは、その言葉通り、業務外注のことである。大辞林第三版によると、「業務を外注すること。特に、情報通信システムの設計・運用・保守を企業外の専門業者に全面的に委託すること。

資源の有効活用、費用の削減をめざして行われる」、と定義されている。この定義の中で、「全面的に委託」という点が、アウトソーシング最大の特徴である。

アウトソーシングは、インソーシングの対義語である。インソーシングが〝丸抱え〟であるのに対して、アウトソーシングは、いわば〝丸投げ〟である。前記定義にある通り、主にIT産業で発展した概念で、コスト削減や資源の最適配分を実現する手段として、外部の専門業者に丸投げする思想である。外部企業に作業を丸投げするわけであるから、レジリエンス経営の要諦である「柔軟性」が期待できる。

アウトソーシングのメリットを整理すると、1．受給バランスに合わせた事業拡大・縮小、2．コストダウン、3．固定費の変動費化、の3つが挙げられる。一つ一つみていきたい。

アウトソーシングのメリットとして、率先して挙げられるのが、受給バランスに合わせた事業拡大・縮小であろう。外部企業の委託をコントロールすることで、いつでも発注をスタートでき、いつでも発注をストップできる。そのフレキシビリティに伴い、固定費を変動費化することができ、短期的にはコストを下げることも期待できるため、キャッシュフローリスクを最小化できることがアウトソーシングの大きなメリットと言える。上手く活用すれば非常にフレキシブルな経営が実現するが、専門業者に業務を外注するわけであるから、相応のリスクも存在する。

リスクの一つは、ノウハウやスキルの空洞化である。アウトソーシングは、自社で何かをするわけではない。特定プロセスに関する全ての業務を外部企業に委託する。そのため、ノウハウやナレッジというのは、全て委託先企業に蓄積されることになる。発注企業は、委託先企業で何が行われているか分からない。結果として、自社のノウハウやスキルが空洞化し、委託先企業がいないと事業そのものが立ち行かなくなるという、事業存続のリスクも存在する。

加えて、コストのアンコントローラブル性も、リスクの一つとして取り上げるべきである。アウトソーシングは、短期的に見れば確かにコストオフになる。しかし、外注先も企業である。企業である限り人を雇う。設備を擁する。事務所を構える。そのコストは、当然に発注元である企業に跳ね返ってくる。

前記インソーシングの基本思想にある通り、アウトソーシングの活用は、中長期的にはコスト増につながる。固定費を変動費化できるため、短期的にはＰＬ（Profit and Loss statement）が改善し、コストダウンにつながるように見えるが、外注先企業を使い続けると、コストカーブは緩やかに上昇していく（ゆえにインソーシングのニーズが生まれる）。

また、当然ながら、外注先企業の事情によって、コストが上下することも考えられる。外的要因、内的要因、様々な要因があろうが、外注先企業の経営状況如何で自社の発注コストが左右されてしまうというのは、事業の発展的存続において、致命的なリスクとなりうる。コストのアンコントローラブル性、これも、アウトソーシングの大きなデメリットの一つである。

最後に、アウトソーシングのデメリットとして、ガバナンスの弱体化というものが挙げられる。自社の経営プロセスの一部を外部委託するということは、そのプロセスがしっかりと機能しなければ、バリューチェーンがワークせず、致命的な問題となりかねない。当然、外注先は専門業者であり、プロである。余程のことがない限り、任せているプロセスがコミットされないということはありえないだろうが、プロセスコミットが１００％保証されているわけではない。

例えば有事や、法律の改正など、不測の事態により、外注先企業の経営が立ち行かなくなる可能性がある。大規模災害で被災したり、違法行為で官公庁から業務停止を受けたりするリスクは常に介在する。外注先企業が単独で被弾する程度で収まればまだマシで、悪質な事例になると、外注先企業の発注元である元請けまで、経営の重大な影響が出るケースもある。

インソーシングであれば全てのプロセスを内製化しているため、ガバナンスリスクを感知した時点で即座に何かしらの手が打てるが、アウトソーシングにおいては外部企業にプロセスを〝丸投げ〟する形となるため、どうしてもガバナンスが弱体化するリスクは介在する。アウトソーシングという形態は、使い方次第ではレジリエンス経営の要諦である「柔軟性」を満たす可能性があるものの、「ぶれない軸」の根底にある、企業理念と反する行動を取ってしまう、広義のガバナンスリスクが存在することが分かる。

少し古い事件となるが、グッドウィル社のデータ装備費事件を取り上げたい。アウトソーシング先の企業が起こした不祥事による、ガバナンスの弱体化をもたらした好例である。

〈グッドウィル社、データ装備費事件〉

１９９５年の創業から２００７年4月30日まで、一労働につき２００円（創業当時は１００円）の「データ装備費」なる費用が、（派遣に伴うマージンや所得税とは別に）天引きされていた。本件は任意であり、民間の損害保険や勤務に際して貸し出される備品等の調達に充当していたという。

しかし、実際には拒否権は与えられず強制的に徴収されており、更に用途についても実態が不透明であったことから、労働基準法第24条の「給与全額支払の原則」に反する不払い賃金に当たるとの批判も多く、一部スタッフとのトラブルもあったため２００７年5月1日より廃止となった。報道によると、勤務中の負傷に際して保険を請求しても下りず、それどころか「現在は加入していない」との返答もあったという。また、収入源として支店に徴収を徹底させ、本社の利益として計上していたという元支店長の証言記事も出ているなど、不透明さが際立っている。

また、廃止と前後して一部有志が労働組合「グッドウィルユニオン」（以下ＧＷＵ）を結成し、これらを不払い賃金の返還や集合時間からの賃金（後述）の支払いを求めて活動している。ＧＷＵではＧＷＵへの返答は一切行わずにデータ装備費廃止などを打ち出している。当初、返還の可否に関する対応は二転三転しており、直近の対応や団体交渉への回答では「返還しない」方針であった。

しかし、これが更に一転し、２００７年6月8日のコムスン問題に伴う記者会見の席上で、グループ会長折口雅博自らが返還に応じる方針を明らかにした。
その後、態度は更に二転三転したものの、6月21日に2年分（2005年5月以降分）のみ返還を行うと発表した。GWU側では、これらは「未払い分」ではなく「不当所得」であるとして2年以上に遡っての返還を求めると共に、厚生労働省に対しての各種違法行為への指導強化を求めている（厚生労働省も、返還の有無に関わらず指導を強化する方針である）。

その後、GWUでは更に遡っての返還を要求したものの、無回答に終わったことから、2007年7月7日、グッドウィルに対して集団提訴を行う事を決定、8月23日に東京地方裁判所に提訴した。組合側は「使途も不透明で、法的根拠もなく不当に利益を得ている」と強調している。また、返還が過去2年間に限って行われる事に対しても、全て取り戻す方向となっている。また、GWUが計画しているものとは別に、愛知県名古屋市・静岡県浜松市・岡山県岡山市・福岡県福岡市の登録スタッフ又は元スタッフ（いずれも20～30代男性）らが返還を求めての本人訴訟を起こしている。

その後これらの返還請求訴訟は、2007年秋ごろに浜松訴訟が、2008年春頃に名古屋訴訟がそれぞれ取り下げられたものの、同様の訴訟では初の司法判断となる判決が2008年12月4日に福岡地裁で言い渡された。その結果は、福岡の30代原告男性が全面勝訴し、会社側に天引き金の全額返還を命じている。この判決に対して会社側が控訴したが、2009年6月4日、天引き額約4万円に対して、解決金20万円を支払う（和解と同時に支払われたようであるが、天引き金額に対する和解金額がおよそ

5倍というのは、どのような理由かは不明である）とする内容の和解が成立しているようである。こうした天引きについては、派遣業界全体では慣行で行われており「暗黙の了解」となっていたが、近年の風当たりの強さから廃止する企業も出始めている。業界2位のフルキャストでは、２００7年2月10日まで一勤務当たり２５０円徴収していた「業務管理費」を創業時（１９９２年）に遡って返却すると決めた。

なお、仮に最終2年分の返還が行われただけでも最大37億円ともいわれるその額は、数百億円台になる事は確実と見られている。

（Wikipedia より一部抜粋）

繰り返しになるが、アウトソーシングのメリットは、1．受給バランスに合わせたフレキシブルな事業拡大・縮小、2．短期的なコストダウン、3．固定費の変動費化、である。

そしてデメリットは、1．ノウハウやスキル空洞化のリスク、2．長期的にはコストアンコントローラブル、3．ガバナンスの弱体化、である。グッドウィル社のこの事件は、アウトソーシングのデメリットである、ガバナンスの弱体化が前面に出た形であると判断できる。

グッドウィル社は、人材派遣業界最大手のブランドを有しており、当時は一世を風靡した、まさに時の企業であった。全盛期当時は、確かに「柔軟性」に富むフレキシブルなサービスをクライアントに提供していた。しかし、前記事件にある通り、その実態は受託企業本体の経営管理体制がお粗末であり、派遣社員からピンハネをするなど重大なコンプライアンス違反を行っていた。コソーシングのように、ビジネスプロセス全てをシェアする形態であれば、派遣コストもある程度クリアにせざるをえず、仮に不正と認められる事象が見受けられればすぐにガバナンス強化ができたものの、アウトソーシングという丸投げ形態を取ることで、外注先企業の管理体制までグリップすることができなかった。

「コソーシング」の課題はアライアンス先選定

ここまで、インソーシング、アウトソーシングそれぞれのメリット、デメリットを見てきたが、両者の特徴が整理できた上で、コソーシングの特徴についても改めて触れていきたい。

コソーシングは、〝丸抱え〟を是とするインソーシングでもなければ、〝丸投げ〟を是とするアウトソーシングでもない。インソーシングとアウトソーシング、両者それぞれの良いとこ取りをした、〝合いの子〟である。コソーシングとは、いわゆる〝協業〟である。アライアンスと言っても良い。

外部企業と協力しながら、同一の、あるいは相互に関連性のある生産プロセスを行っていくことである。共に価値観を共有し、同じ目標を目指す。そのために、あらゆる経営プロセスをシェアし、いわばお互い〝丸裸〟になりながら、持続的、レジリエントな経営を目指す。お互いの手の内を見せることになるので、芯からの共感がなければならない。そして、互いの事業に対するリスペクトも必要となる。

〝共感〟と〝リスペクト〟。

この２つの要件が成立して、初めてコソーシングの形態が実現する。コソーシングは、プロセスコミットで許される形態ではなく、アウトプットコミットまで求められる、厳しいアライアンス形態である。

共に手を取ると言えば緩やかに聞こえるが、その実、〝結果が全て〟の座組みである。結果が出て初めて、発注企業も、受注企業も幸せになれる。結果が出なければ、両者は不幸になる。本当の意味で〝共感〟と〝リスペクト〟が実現していない限り、コソーシングの形態はワークしえないと言える。

万能に見えるコソーシングにも当然、メリットとデメリットがある。ここで整理してみたい。

コソーシングは、アライアンス企業と全経営プロセスを共有し、同じ成果目標を達成するため、互いの得意なプロセスをコミットし合う形態を取る。経営プロセスを棲み分けすると、コアプロセスとノンコアプロセスに分けることができる。アライアンスを組んだ企業は、互いの強みを認識し合い、自社が対応すべきコアプロセスと、パートナー企業が対応すべきコアプロセスを共有し、コアとノンコアそれぞれのプロセスの噛み合わせ作業を行う。

コールセンターの業態を例に取ろう。コールセンターと一口に言っても、巷には様々なタイプのコールセンターがあり、それぞれ強み・弱みが異なる。コールセンターの主たるコストは人件費であり、人件費を如何に抑えることができるかが、究極の事業戦略となる。人件費を抑えるためには、1．採用コストを抑える、2．育成コストを抑える、3．リテンション（人材定着率）を高める、といった、いくつかのプロセスが挙げられるが、コールセンターのタイプによって、どこに強みがあるかは千差万別である。

あるコールセンターは人の育成に長けており、あるコールセンターは人の採用に長けている。その逆のケースもあろう。同じコールセンター業といえ、企業によって、得手不得手の領域は多様化している。様々な企業があって良いし、互いに助け合ってそれぞれの強みを補完し合えば良い。人も企業も、長所進展が成長の原理原則である。短所をカバーする暇があるなら、長所を伸ばすことに集中した方が全体の経営効率は圧倒的に改善する。人を育成することが得意なコールセンターは、人の育成をコアプロセスと定義し、そこに全ての経営リソースを集中させれば良い。採用や定着が苦手なのであれば、採用や定着をコアプロセスと定義し、注力しているコールセンターとアライアンスを組めば良い。

同じ市場、同じ業態でライバルとアライアンスを組むことに違和感を抱く向きもいるかもしれないが、そもそもコアプロセスとノンコアプロセスが噛み合っており、後述するコソーシング成立の要件を満たしているとするならば、遠慮なく組めば良い。そもそも、人も企業も、好きなことは好きだし、嫌いなことは嫌いだ。好きこそものの上手なれとは良く言ったもので、好きなこと、得意なことしかやる気が出ないのであれば、好きなことに徹底集中すれば良い。嫌なことを強要することで発生するモチベーションコントロールに関わるコストこそ、究極に無駄なものであり、真っ先に排除すべき販管費である。好きなことを伸ばして生産性を上げれば良いし、苦手なことはやめれば良い。

ライバルとはいえ、同じ産業で、同じ釜の飯を食う仲間である。同一市場にいるからこそ、産業構造も顧客の期待値も共有できるし、互いの強さをリスペクトできる。ビジネスプロセスそれぞれの難しさ・特徴を理解できるからこそ、〝共感〟と〝リスペクト〟が発動し、強固なアライアンスが実現する。経営リソースや顧客シェアを独り占めするのをやめ、前述した、「ビジネスを奪わない、分け合う」の精神で、あらゆる経営リソースを共有していけば良い。

もう一つ、ウェブサイト製作の業態を例にとって、コソーシングの威力を検証してみたい。

ウェブサイト製作こそ、巷には有象無象、様々な企業が存在する。とにかく安さを追求する企業。大企業の実績をひっさげる企業。ハイクオリティなブランドを重視する企業。役所や上場企業に求められる、アカウンタビリティを満たすレベルの製作クオリティをアピールする企業。

ウェブサイトには、戦略、企画、デザイン、製作、コーディング、運用と、様々なプロセスが存在し、当然それぞれの企業は、互いに異なった得意領域を有する。戦略が徹底的に強い企業もあれば、運用が上手な企業もある。デザインをコアプロセスとして意識する企業もあれば、納期通りの製作をコアプロセスとする企業もある。全てのプロセスをインソーシングの発想で完璧にしようとすれば、相応のコストと時間が発生する。完成形に持っていくまでの道中は厳しく、様々なリスクが介在する。

それならば、コアプロセス、ノンコアプロセスの噛み合うパートナー企業を探し、互いのビジネスプロセスをしっかり共有した上で、成果を生み出していけば良い。

以上の例から分かるように、コソーシングの第一メリットは、何と言っても、1．コア・コンピタンス強化（コアノウハウ、スキルの蓄積）である。

得意なことに集中し、苦手なことは真っ先に捨てる。自社が本来持つ強みを徹底的に伸ばし、本来注力すべきでない領域は遠慮なくアライアンスパートナーに甘える。

往々にして、企業の持つ独自の強みとは、企業の大切にする創業理念に帰結する。専業主婦の雇用環境改善を理念に掲げる企業であれば、主婦の戦力化（育成）に強みがあり、情報漏洩の撲滅を理念に掲げる企業であれば、セキュリティ（運用）に強みがある。企業の成り立ちには必ずストーリーがあり、そのストーリーの源泉には、何かしらの強い理念がある。その理念があるからこそ、その企業オリジナルの強みが生まれる。

企業が強みに集中する環境を付与するコソーシングは、コア・コンピタンスの強化をもたらし、コア・コンピタンスの強化は、レジリエンス経営の第一要諦、「ぶれない軸」の強固な底支えとなる。また、コソーシングのもたらすコア・コンピタンス強化は、アウトソーシングのデメリットであったノウハウ・スキルの空洞化をヘッジすることができる。コアプロセスについては、自社の強みがそのままノウハウとして蓄積されるため、ナレッジ形成に直結する。ノンコアプロセスについても、コソーシングは全経営プロセスをアライアンス企業と共有することが前提となっており、自社でカバーしきれないノンコアプロセスは、共有財産として、アライアンス企業がしっかりとナレッジを蓄積する形態となっている。

コソーシングは、スキル・ナレッジが空洞化しやすいアウトソーシングの弱点を補完し、組織が硬直化しやすいインソーシングの弱点を経営リソースの全共有というメソッドで「柔軟性」を確保する。コソーシングは、アウトソーシングとインソーシング、両者のまさに良いとこ取りの形態であると言える。

コアプロセスに集中することで生まれる身軽さ。そして、ノンコアプロセスがしっかりとアライアンス企業間において共有される手軽さ。コア・コンピタンス強化がもたらすメリットは、これだけではない。

コソーシングの第2のメリットは、2．オプティマイゼーションの推進である。つまり、経営効率が最適化される。無駄なプロセスがなくなり、最適なリソース配分が実現する。限られた経営資源を自社のコアプロセスに選択・集中することで、経営コストの最適化、経営リソースの最適配分が実現する。

オプティマイゼーションの推進は、本当に必要な領域に限定して経営リソースを投下するスタイルの実現を意味する。自社が注力すべき対象領域はコアプロセスにより明確になっており、ノンコアプロセスはアライアンス企業が補填をしてくれる。全てのプロセスをインソーシング化していると、有事の際のビジネス再起動に大変な時間がかかる。

一方コソーシングのコンセプトはリソースの共有であり、リスク分散である。それぞれの企業が自社の強みに集中できる、相互依存関係である。特定エリアで大規模災害が発生したとしても、アライアンス先企業との迅速な連携で、有事の際にも、ビジネスをスピーディーにローンチすることができる。

各種事例を基に、コソーシングの形態を検証すればするほど、企業経営上、メリットしかないように思えるが、当然コソーシングにもデメリットがある。それは、「提携先の力量如何で、パフォーマンスや成果に大きな差異が発生する点」である。言い換えれば、アライアンス企業の如何で、コソーシングの成否が決まる。コソーシング成立の要件は、最適な提携先の選定である。提携先選定こそが、コソーシングのＫＳＦ（Key Success Factor）である。

アライアンス先選定を満たす６要素

コソーシングの成立要件であるアライアンス先選定には、いくつかの要素が存在する。業種業態問わず、選定要件が満たされていればアライアンスは上手くいき、選定要件が満たされていなければアライアンスは失敗に終わる。

提携先企業の選定要件は、コンプライアンス、ガバナンス、収益意識、セキュリティ管理と、各論まで含めて挙げればキリがなくなる話であり、企業との巡り合わせといった〝運〟も左右する。もちろん、全ての観点で提携企業として１００％条件が合致することが望ましいが、木を見て森を見ずの例えもあるように、ミクロにとらわれるあまりマクロ的視点を失しては本末転倒である。

このことから、ここでは〝最低限必要〟とされる提携先企業の選定要件を押さえておき、アライアンス企業選びの参考としたいところである。

さて、本題に入ろう。アライアンス企業選びの選定要件について、以下にまとめる。結論から述べると、〝最低限必要〟な選定要件としては、以下の６要素が挙げられる。そして、これら６要素を満たした企業と連携できることが、レジリエンスな経営の実現（ＫＳＦ）に向けた近道であることを検証していきたい。

1. 価値観の合致
2. 目指すベクトルの一致
3. 経営プロセスの共有
4. 成果目標の共有
5. レベニューシェアの明確な定義
6. 出口戦略の共有

まず、1. 価値観の合致である。〝最低限必要〟な選定要件の一つとしてこれを挙げたが、コソーシングの実行に向けてアライアンス先を選ぶにあたり、価値観の合致はマストな要件であり、欠かすことはできない。繰り返しになるが、コソーシングは、自社の経営プロセス全てを相手先企業とシェアする。場合によっては、決算書をはじめとする財務諸表まで、定点観測で共有することもある。プロセスをコミットすれば許されるアウトソーシングと異なり、何より結果を出さなければならない形態である。結果を出すためにはプロセスを知ることもさることながら、そのプロセスを通じ生み出そうとしている〝成果〟は何で、その成果を求める〝根底の価値観〟は一体何かを共有しておく必要がある。

企業は社会と共にあり、社会に何かを為すためだけに存在している。その、社会に為そうとする思い、理念、価値観が合致していない限り、アライアンスが上手くいくはずがない。後述する他の要件が満たされているからといって、全てのベースとなる価値観の合致が満たされていない限り、その企業とはアライアンスを組むべきではない。

コソーシングは根底の価値観の一致から始まる。何を大切に思い、何を為そうとするのか。何を規律として重んじ、何を禁ずるのか。どのような倫理観を持ち、何を正義とするのか。

根底の価値観が合致していると、提携先の立場に立って、経営の意思決定を行うことができるようになる。提携先の求めていることが自然と分かるようになる。提携先の経営プロセスにおいて足りないものに気づき、それを補填することができるようになる。企業は理念で生まれ、理念のために存在する。理念や価値観は、ビジネスモデルやビジネスプロセスをはじめとする、あらゆる各論に優先する。同じものを大切だと思える価値観は、アライアンス関係において、コソーシングの実行プロセスにおいて、全ての土台となり、両者の健全な関係を支える。

雇用を大切に思う企業は、利益至上主義の企業と相性が悪い。利益至上主義の企業は、企業の社会的責任を重んじる企業と価値観は合致しない。どちらが良い悪いという話ではない。企業間の相対的関係性、相性の話である。利益を全てに優先するなら、そうした価値観の企業と組めば良いし、利益より社会的責任を重んじる企業であるならば、そうした価値観の企業と組めば良い。

根底の価値観が異なるのに互いを騙して無理にアライアンスを組んだとすれば、その関係性は必ずいつか破綻する。コソーシングにおけるアライアンス締結の秘訣は、〝共感〟と〝リスペクト〟である。コソーシングにおいては、互いの価値観を共感しリスペクトできる、そんなパートナーを選定したい。

次に、２．目指すベクトルの一致、である。

前記１．価値観の合致とも連動する話だが、提携先企業が目指す方向がどこに向かっているのか、この共有がしっかりできていることは、提携先選定の重要条件である。

具体例で説明しよう。提携を検討している2つの会社があったとする。かたや、株式公開（ＩＰＯ）を目指しており、かたや非上場企業として経営を継続することを目指している。雇用を大切にする、従業員を幸せにするという、企業経営根底の価値観は互いに合致しているようだが、目指すべきベクトルが異なっている。こうしたケースにおいては理念が仮に一致していても、アライアンスを締結するべきではない。

理由はシンプルで、ベクトルが異なることで、理念を実現していく、その表現手法が抜本的に異なるからだ。株式公開を目指す企業は、公開企業の従業員として自らのアイデンティティが満たされることに幸せを感じる従業員を雇用していく。非上場にこだわる企業は、自らのやりたい仕事、その一点に幸せを感じる従業員を雇用していく。互いに従業員を守ることに重きを置く価値観を有しているが、その価値観を体現するメソッドが根本的に異なる。メソッドが異なれば、当然経営プロセスも異なり、経営プロセスが異なれば、コアプロセス、ノンコアプロセスの噛み合わせも抜本的に悪くなる。

株式公開を目指す企業は、公的存在になることを目指す企業と組むべきであるし、非上場にこだわる企業は、そうした方向性を有する企業と組むべきである。企業はいずれも、継続性の原則に則り、ゴーイングコンサーン、長きにわたる経営を維持する前提で理解される。

しかし、経営におけるメソッドは、多種多様な企業に合わせて、様々なパターンが考えられる。コソーシングの提携先企業を選定する際には、相手先企業がどこに向かおうとしているのかをしっかりと確認した上で、そのベクトルに自社を合わせることが可能かどうか、シリアスに精査する必要がある。

下請け企業が元請け企業にいきなり契約を切られるというシーンは、製造業にありがちだ。これとて、互いの目指すベクトルの不一致が要因となっている側面もある。元請けが上場企業として株式公開をしており、下請けが未公開企業であった場合、元請けの株主圧力が強まれば強まるだけ、下請けを買いたたかざるをえなくなる。

上場企業経営者としては時価総額の最大化と株主重視は無視できないファクターであり、仮に両者がものをつくることにおいて完全に価値観が合致していても、互いの事情の相違により、アライアンスが機能しなくなるケースが多い。提携先企業の選定においては、互いのベクトルが一致しているかどうか、その確認を怠ってはならない。

そして、３．経営プロセスの共有である。

コソーシングは、企業の経営プロセスを、コア領域、ノンコア領域に棲み分け、アライアンス先企業と、互いの強みが最大化されるよう、噛み合わせを行う形態だ。〝共感〟と〝リスペクト〟が前提になるコソーシングにおいては、隠し事は厳禁である。互いのハラを全て見せ合い、誠実にプロセスを共有し、自分を大きく見せることなく、できることとできないことを突き合わすことがマストである。嘘や偽りは、互いの関係性を滅ぼす。可能であれば、アライアンス先企業と、財務諸表を互いに共有し合いたい。オペレーションレベルでの実行プロセスと、財務諸表上の数字を突き合わしていくことで、全てのファクターが可視化される。

プロセスが完全に共有されれば、経営上、強み・弱みをしっかりとシェアすることができ、互いの足りない要素を補填し合うことができる。

オペレーション上のルーティンは何か。何故そのルーティンが生まれたのか。そのルーティンの強み・弱みは一体何か。そして自社が相手に貢献できるプロセスはどこか。そもそも両者が融合することで、プロセスをスキップすることはできないか。互いのハラを見せれば見せるだけ、コソーシングにおけるオプティマイゼーションが働き、コスト、リソース配分、全てが効率化されるようになる。

本当は検品に課題を抱える製造業が、そのプロセスの脆弱性を隠していたとするならば、提携先企業は誤ったウィークポイントの補填を行い、結果としてリソース配分に無駄が生じてきてしまう。組むと決めたら組む。ハラの探り合いなどせず、全てのリソース、プロセスを共有する。相手を信じ、何より自分の意思決定を信じる。経営プロセスの完全共有がコソーシングの成否を決めるとするならば、何の懸案もなく、全てのプロセスを相手に見せることが肝要である。


経営プロセスの完全共有が実現したら、次に4．成果目標の共有を行う必要がある。

何を成果とみなし、どの程度の成果を目指すのか。成果の定義は、それぞれの企業によって異なる。売上・利益といった最も分かりやすい成果もあれば、地域貢献・社会貢献、女性の雇用、障害者雇用、株式公開など、その在り方は様々である。

前記した価値観の合致が成されていれば、生み出すべき成果についてもある程度共有できているはずなので、更に具体的に、何を、いつまでに、どれほどの規模まで実現させるのか、という、成果目標の具体共有まで行っていくことがコソーシングの成功に直結する。それも、できる限り数値化させて、アライアンス企業間でデイリーに目標を追いかけ合える環境整備を行っておきたい。例えば、売上を１００億円にしたい企業が2社ほどあったとする。お互いの目標が近似値であったため、アライアンスを組むことになった。

売上１００億円というのは、一見すると具体数値に見えるものの、更に強固なコソーシングを組み立てるとするならば、この売上を細分化していく必要がある。売上とは、顧客数×単価×来店頻度、によって構成されている。現状の売上が50億円だったとして、単純に売上を１００億円にするためには、顧客数、単価、来店頻度を、それぞれ25％増にすればよい（1・25×1・25×1・25＝約２）。成果目標を因数分解することで、互いのプロセスにおいて強化すべき領域が明確になる。

漠然と「売上１００億円を目指しましょう！」と鼓舞するよりは、「顧客単価、来店頻度をあげる施策を貴社には考えていただき、我々は顧客数を増やすことに集中します」とコミットした方が、圧倒的に生産効率は高いであろう。互いの経営プロセスを明確にしてコソーシングをワークさせるのであれば、成果目標はできるだけクリアにシェアする必要がある。一度目指すべき成果を因数分解し、目指す成果はそもそもどういった要素で構成されているか、その要素をしっかり見定めた上で成果目標を共有していく必要がある。

成果目標をしっかり共有できた後は、５．レベニューシェアの明確な定義も確実に押さえておきたい要件である。

私も経験があるが、コソーシングにおいて最もトラブルの火種となりやすい領域が、このレベニューシェアの定義である。

もう少し分かりやすい表現で言えば、どのタイミングでレベニューシェア、つまりフィーが発生するかを、互いにしっかり定義しておく重要性である。アライアンス、コソーシングを確実にワークさせる上で、報酬の発生基準を明確にすることは必須要件である。コソーシングでは、全ての経営プロセスを共有し、成果を生み出すことを目指す。基本的な価値観が一致している限り、ノンコアプロセスは相手がきっとコミットしてくれるだろうと思い込みが働き、全てを相手の判断任せにしがちである。

一見すると健全な相互依存関係に見えるが、互いがそれぞれのコアプロセスに集中し過ぎることの弊害は、レベニューシェアの発動段階で関係性の破綻リスクとして突きつけられる。互いのプロセスに敬意をはらい、自らの強みに集中することは大切だ。しかし現実、コソーシングの脆弱な側面として、依存性が高まれば高まるほど、互いのプロセスに無関心となりがちである。

プロセスに無関心となると、プロセスに紐づく労力に目が向かなくなり、リスペクトを抱きにくくなる。その行き着く先は、フィーに対する意識であり、互いの関係性にネガティブな要因となりかねない。分かりやすく言えば、「私がこんなに苦労しているのに、相手に手抜きをされてはこちらが困る」という敵対思想が生まれ始め、ひいては「ここまでの成果はこちらのプロセス貢献が高いのだから、レベニューシェアを払う必要はないだろう」という誤った結論に帰結する。

これでは共感もリスペクトもあったものではない。こうした事態までも想定し、先に手を打っておく必要がある。そのためには、レベニューシェアの定義を明文化しておき、必要に応じて契約条項にも盛り込み、発動要件を互いに握り合っておく必要がある。如何に互いの状況に変化があろうと、アライアンス発足当時のレベニューシェアに関する取り決めを遵守し、払うべき時にしっかりフィーを払い、受け取るべき時にしっかりとフィーを受け取る。

そうした健全な関係性を堅持することが、永続的なコソーシングの関係において重要なファクターとなる。金の切れ目が縁の切れ目とは良く言ったものだが、せっかくの縁で知り合った提携先企業である。互いの貢献にリスペクトし、互いのフィーはしっかり払う。レベニューシェアの定義明確化は、健全なコソーシングの実現要件として欠かすことはできないものである。

最後に、６．出口戦略の共有である。

出口戦略とは、損失・被害を最小限にして撤退する戦略である。元は軍事用語であり、主に経済政策局面で使われる用語だ。コソーシングの実現に向けて、アライアンス先選定の要件を語っているにもかかわらず、出口戦略を議論するには、いささか違和感があるかもしれない。理想論を言えば、コソーシング、アライアンスが、未来永劫、一生続くことが望ましい。互いの足りない経営プロセスを補填し合い、お互いはそれぞれの強みに集中し、経営効率を最大化させる。

永続的コソーシングが望ましいのは言うまでもないが、現実はなかなか、難しい側面もある。

例えば企業経営者の交代という事象が起こった場合。旧来の企業経営者の価値観やベクトルに芯から共感することができ、そのドライブにより、コソーシングが発展的に展開されてきたさなか、経営陣の交代というのは、かなりクリティカルな事象である。もちろん、そうした事象が起こらないに越したことはない。

しかし、世の中に絶対はない。何が起こる分からないのが原則である限り、有事に備えて、バックアッププランを常に用意しておくべきである。

例えば経営陣の交代。例えば財務状況の著しい悪化。例えばガバナンス違反。互いに経営プロセスを共有し合い、相互依存と相互監視状態が健全に機能していたとしても、管理項目が抜け落ちることは十分に考えられる。そうした有事が発動した場合は、発展的解消を前提に、コアプロセス・ノンコアプロセスを瞬時に互いの組織へ引き継ぐことができる準備を進めていくことは有効な施策であろう。

それもできれば、アライアンス先を選定し、ここと組む、と決めた段階で、出口戦略を明文化し、共有しておくことが望ましい。

何があるか分からないのが経営の醍醐味である。あらゆる有事を想定し、コソーシングを組み立てる以前に、先に考えられるシチュエーションを列記しておき、出口戦略をシェアしておく。もし仮に、出口戦略を提示したことで不快な思いを理由に提携を断られたら、喜んで引き受ければ良い。出口戦略を想定できないということは、その程度のリスク管理体制しか備わっていないということである。

全てを信じ合い、シェアしていくコソーシングにおいて、リスクマネジメントのセンサーが鈍っているというのは致命的である。健全な企業であれば、経営＝一寸先は闇であることが理解できるはずだ。バックアッププランについて共感できない企業とは、提携を組む必要はないし、組んだとしても期待するパフォーマンスは実現されないものと考えられる。

以上、６要素が、コソーシング最大の課題、アライアンス先選定の基準である。これら全ての要素をパーフェクトに満たすことは理想的だ。ただ、現実的には企業との巡り合わせは〝運〟が左右する部分もあり、１００％全てが合致する企業と出会えるとは限らない。大切なのはバランスで、自社の期待する成果から逆算し、許容できるラインはどこかを事前に押さえておく。その上で、前記６要素を参考にしながら、アライアンス先選定に取り組むのが現実的な施策であろう。

前記６要素の選定基準と合わせて、コソーシングを検討する上で重要なキーワードがある。ミニマリスト、という言葉を聞いたことはないだろうか。英語のミニマム（minimum）から派生した用語で、２０１４年頃から急速に注目されるようになった、ライフスタイルの一つである。日本語訳すれば、最小限主義者、とでもなろうか。不要な要素を徹底的に排除する生活を是とする人々を、ミニマリストと総称する。

一時大流行した、断捨離という考え方や、ノマドワーカーといった考え方とも共通項がある。要するに、持たざる生き方である。時代は変わり、テクノロジーの発達もライフスタイルの変容を後押しし、今や所有からシェアの時代へと移行した。クラウド技術を駆使すれば、わざわざハードを持つ必要はなく、タブレット端末の表現レベルが上がればノートＰＣですら不要となる時代は近い。

オフィスを共有するシェアオフィスという形態は今や当たり前となり、最近では余ったスペースをシェアしていくことを目指すビジネスまで立ち上がっている。『プロテスタンティズムの倫理と資本主義の精神』でマックス・ヴェーバーが喝破した通り、20世紀の資本主義は、プロテスタントの「世俗内禁欲」が資本主義の「精神」に、一定程度の適合性を持っていたのは事実である。

人は生まれながらにして罪を背負う。その罪を贖《あがな》うために労働が必要である。こうした精神に基づき穢れを取ろうと人は懸命に労働し、その労働意欲は他者との競争意識を生み出した。自己否定の宗教観に基づくワーカーは人を出し抜くことを考え、自らの貢献（穢れの祓い）を証明すべく、勝ち抜かなければならなかった。ビジネス＝戦場という前提で、性悪説に則った経営管理手法が当たり前のように普及していった。

しかし時代は変わった。競争を是とする時代から共創の時代へ。分断の時代から統合の時代へ。ローカルベストの時代からグローカルの時代へ。ＩＴ技術と金融テクノロジーの発展に伴い、政治・経済、あらゆる垣根が融解する。システムが前提だった時代はカオティックな社会へと移行し、社会は複雑系の形態と変容を遂げる。

何が是で、何が非か。あらゆる情報が瞬時に開示される社会においては、一瞬の有事で時の政権はひっくり返り、昨日まで正義だったものが今日の悪になっていく。

ＡＩ、ＩｏＴといった技術革新のスピードが上がれば上がるだけ、人間の無駄な労働はなくなっていき、「喰うために働く」という労働形態は近い将来確実になくなっていく。ロボットが人間の労働を代替し、人間は余った時間をもてあます。そうなれば、人は否が応にも「何のために生まれ、どこに向かおうとしているのか」という、古来より無数の哲学者が問い続けた、人間として逃れることのできない究極の問いに向き合う必要が生まれていく。

こうした時代背景が、オフィスを持たずして自由に働くノマドワーカーという形態をもたらし、不要なものは全て捨てるという断捨離の思想を流行らせた。更にはミニマリストというライフスタイルまで是とする文化が醸成されつつある。

ミニマリストの誕生は、カオティックな社会への過渡期がもたらした、いわば時代の産物である。同じタイミングで、禅や空《くう》といった概念が一般化されつつあるのも無関係ではない。明らかに、富が富を生む量の象徴であった資本主義の形態が変わりつつあり、ＱＯＬ（Quality of life）を中心とした、質を求める価値観に変容しつつある。

広告会社の展開するマスプロモーションの効力が薄れつつある中、また不安定な時代における可処分所得の逓減も伴い、昔ほどマイホーム・自動車を購買する意欲は薄れつつある。こうした個々人レベルのライフスタイルに関する価値観の変容は、企業の在り方にも根本から疑問を投げかける。

これまで議論してきたように、レジリエンス経営の要諦は、「ぶれない軸」と「柔軟性」である。そして、コソーシングは企業に対し、コア・コンピタンスに集中する環境を提供することから、「ぶれない軸」と「柔軟性」を満たす最適の経済形態であると考えられる。

何かに集中するということは、何かを捨てることと同義である。コアプロセスとノンコアプロセスを棲み分けるにあたっても、自分たちが大切にしてきた価値観・理念を再度見直し、その価値観に問い、捨てるべき領域、集中すべき領域に解を見出していく必要がある。ミニマリストという生き方は、「最小のもので最大を得る」ことを大切にする。これはまさに、企業経営におけるリスクリワードレシオの概念である。

最小の労力（投資）で、最高のパフォーマンス（成果）を手にする。そのために、自社の経営プロセスをコア・ノンコア領域に分け、最適なアライアンス先を模索していく。面倒なプロセスは捨てる。本当に必要なプロセスに集中する。コソーシングの考え方は、まさにミニマリストの考え方と共通するものが多領域においてある。

製造業や飲食、クリニックといった装置産業は、いまだハードが成否を決めるビジネスであるが、ほとんどのサービス業は、スキルが人に紐付く形態である。人にスキルが付き、スキルが付加価値を呼ぶ。バリューチェーンの大半は人に紐付くものであり、人が中心のモデルである。人が中心のモデルであるならば、人が最もパフォーマンスを発揮しやすい、その環境整備にこそ企業は注力すべきである。

出社義務要件を緩和すれば、満員電車なる事象は改善する。時間ではなくパフォーマンスに連動する報酬体系を導入すれば、残業問題は解決する。企業が人に何かを強制するのではなく、人を中心に考える。人を中心に据え、人が働き、成果を生むには、最も適した経営プロセスは何かを考える。そのためは当然、事業の成り立ち、創業理念に立ち返り、社会に何を為すべき事業体であるかを再度認識し、理念探求型のモデルで、人を中心に据えた形態を検討していかなければならない。

働くオフィスまでが手軽にシェアされる時代である。今日、出社の必要などほとんどない。日報もクラウドがあれば不要。企業の経営プロセス、その大半はミニマリストと真逆のものとなっているケースが多くあろう。業界慣習や習慣だと諦めてしまうのではなく、改めて自社の事業理念に立ち返ることが重要である。変容する社会に対する貢献（成果）は何で、その実現に向けた最適な経営プロセスは何か。人という資本を中心に据えて改めて考える上で、ミニマリストの発想はコソーシングの展開に役立つ。

アライアンス先選定こそコソーシング成否を握るが、そもそも自社のスタンスを明確化しないことには、優良な選定先を選ぶステップには進めない。コソーシングを検討する上で、まず自社にとって本当に大切なもの（コア・コンピタンス）は何なのか。自分たちが大切にしてきた価値観とは何か。そして、それは何故大切なのか。これらにしっかりと向き合い、企業としてのミニマリストたりえるべく、不要なものを捨て、本当に大切なプロセスに集中する環境整備をしておくことが必須であろう。

さて、ここで一度、これまでの論点を整理してみよう。レジリエンス経営の要諦は、「ぶれない軸」と「柔軟性」にあることを議論してきた。そして、レジリエンス経営を根底から支える経済形態に、「コソーシング」という在り方が検討の対象となった。「コソーシング」は、「インソーシング」「アウトソーシング」という形態の良いとこ取りをした合いの子的存在であり、1．コア・コンピタンス強化、そして、2．オプティマイゼーションの推進という強みを持つことが分かった。

アライアンスを前提とするコソーシングにおいては、自社がコアプロセスに集中することで「ぶれない軸」を増強させる効果を発揮し、経営プロセスの負荷分散が実現することで「柔軟性」が生み出されることが分かった。

これまで議論してきた内容が、どちらかと言えば企業間取引（B to B）を前提としたコソーシングが中心であったが、実は昨今、ワークシフトと言われるように、労働者側の雇用環境も日進月歩で変化している。

コソーシング、そしてアライアンスという形態は、今でこそB to Bが中心となった経済形態であるものの、今後ワーカーの雇用環境が抜本的に変化を迎え、雇い雇われるという関係そのものが覆る状況になると、企業対個人（B to C）のコソーシング、アライアンスの可能性も十分に検討の余地がある。前記、ミニマリストといったライフスタイルにあるように、明らかに働き手の労働環境は抜本的な変容を遂げている。そこで以下の章では、雇用環境の変化とコソーシングの可能性についても言及しておきたい。

「コソーシング」＝「シェアリングエコノミー」

企業・個人間のコソーシングを検討するにあたり、いくつかの企業事例を見ていきたい。

クラウドワークス（CrowdWorks）という会社がある。クラウドワークスは、日本最大級の総合型クラウドソーシングサービスで、オンライン上で非対面のまま仕事のマッチングから業務の遂行、報酬の支払いまでを一括で行うことができる。

サービスの特徴は、時間単位で仕事の受発注ができる「時給制」と、プロジェクト単位で受発注できる「固定報酬制」の2つの方式を採用している点で、働く側、仕事をお願いする側それぞれのニーズに合わせた、柔軟なスキルシェアができる仕組みとなっている。利用に関する手数料は仕事をした報酬額に応じて受注者が負担する仕組みとなっており、発注する側は有料オプションを除き無料で利用ができる。

似たサービスで、ランサーズというものもある。仕組みはクラウドワークスと同じで、スキルをシェアするクラウドサービスである。時間と場所にとらわれない、新しい働き方をつくることを理念にかかげており、クラウドワークスと並び、日本最大級のクラウドソーシングサイトを運営している。

シェアリングエコノミーという概念が普及して久しいが、ソーシャルメディアを活用した新たな経済形態は、明らかに既存のワークスタイルを変容させる。今はまだ、企業ロゴのデザインや、ウェブサイトのコーディングといった、オペレーショナルなスキルしかシェアされておらず、アウトソーシングの領域を出ていない。

しかし、恐らく近い将来、マネジメントレベルのスキルまでもがシェアされる時代が来る。個人事業主間のネットワーク化がより推進され、プロジェクトマネジメントスキルですら、シェアされていく。部門毎に分断された、トップダウン型の事業推進形態は終わりを告げ、プロジェクトベースの横断的な事業推進形態が主体となる。プロジェクトマネージャー、オペレーターまで含めたプロジェクト型のコソーシングが、前記サイト、あるいは類似サービスを通じて、普及していくことになろう。

つまり、雇い雇われる、という関係性も抜本的に変化を迎えることとなる。働き手は必ずしも正社員である必要はないし、雇う側も必ずしも正規雇用を前提とする必要はない。スキルはシェアできる。そして、シェアは「柔軟性」をもたらし、いつでも気軽に、手軽に使える、というメリットをもたらす。

雇用契約という制度にこだわり続け、労働三法に縛られ組織としての機動力を失うよりは、スキルシェアをする方が、圧倒的に経営効率が良い。無駄がない。全体の固定費が圧縮されるため有事の際にもビジネスの立ち上がりが早く、ワーカーが各拠点にいることでスキルの負荷分散効果をもたらす。まさにレジリエントな経営である。

更に、企業側は、雇用することで発生する社会保険料や諸経費といった、間接経費も抜本的に削減できる。働き手もまた、自身が独立事業主として確定申告を行うことで税に関する正しい知識を身につけ、闇雲に源泉徴収をされることなく納税効率を最適化し、可処分所得の向上につながる。スキルシェアを使う側も、受託する側も幸せな形態。「柔軟性」に富む形態であり、有事の際にもオンオフの切り替えを素早く行える。スキルシェアを前提に組み立てた経済形態こそ、まさにレジリエントな経営である。

「加速化するスキルシェア」

さて、そうした経済形態が前提となった場合、企業経営者の業務領域はどのように変化するだろうか。結論から言えば、変化はしない。繰り返しになるが、企業経営者の役割は、「企業理念」の探求以外にありえない。企業の存在の在り方を問い続ける、という役割は、いかなる事象が起ころうと、不変である。むしろ、バックオフィスからフロントオフィスまでの経営プロセス、その全レイヤーにおいてコソーシングの果たす役割が大きくなればなるほど、企業経営者のコア業務は、「理念探求」に回帰されていく。

経理や法務といったバックオフィスはコソーシング（またはアウトソーシング）で対応可能である。セールスやマーケティングといった、より知的レベルの高いレイヤーの業務すら、スキルシェアのインフラが整ってくれば、コソーシングで発展的推進が可能となる。企業経営者が本来集中して検討すべき、ブランドマネジメントについても、電通・博報堂をはじめとする広告会社が得意領域として担当を行い、旧来の受発注形態からコソーシングの形態に近づいていくことは容易に想像できる。そうなった場合、やはり企業経営者の担当すべき業務領域は、「理念探求」しか考えられない。時代は変わる。そして社会も変わる。変わりゆく外的環境に合わせて、自社と社会の接点を常に見つめ直す。そして、事業の原点である「理念」をベースに、「今あるべき事業形態は何か」を問い、「なぜその顧客を創造するのか、その理由の言語化」を行っていく。

事業存続の前提条件が瞬時に変わりかねないほど、時代の変化は早い。想定外の災害や、有事、技術革新たった一つで、産業構造が変化する。ファブレス経営が是とされていた時代も、アベノミクスによって円安となれば国内オフショアの工場を有すべきとなり、国内オフショアの工場を持ったとしても、震災をはじめとする大災害で、その経営形態は非となる。何が正しくて、何が間違っているか。明確な回答は存在しえない。絶対的な回答があった時代は終わり、変化に合わせて、状況に適した回答が導き出せるかが焦点となる時代になった。まさにコソーシングの時代である。

コソーシングとは、戦略的協業である。従って、全てのプロセスを開示する。アライアンスとシェアを前提とし、性善説に立ったストラクチャーである。秘密主義ではない。そして、丸投げでもない。企業と社会は常に共にある、その前提で、変革する社会に応じて、あるべき事業モデルを共に考えていく。共にリソースをシェアし、目指すベクトルを一致させていく。コソーシングは、柔軟である。コソーシングは、企業経営者に「ぶれない軸」を考えさせる。互いの企業文化を共感し、リスペクトすることで、発展的に戦略を組み立てるモデルである。

第4章

コソーシング×レジリエンス経営の企業事例

筆者の経営する企業でも、「コソーシングこそ最もレジリエンスな経営の近道である」と提唱し、様々なクライアント企業にコソーシングサービスを提供してきた。リーマンショック、ギリシャショック、3・11ショックと、劇的に変化する世界経済や有事の震災を乗り越え、私たちのクライアントは、私たちの提供するサービスと共に、飛躍的発展を実現させた。実際に、コソーシングでレジリエントな経営を実践した好例がある。この章で、それら具体的な事例を見ていきたい。

【事例1】株式会社ネットマン様

【企業概要】
設立：1999年4月2日
代表者：永谷研一
事業内容：コンサルティング・研修・セミナー、IT商品の企画・開発・販売
本社所在地：東京都中央区八丁堀2—2—4　第6高輪ビル
【ご利用いただいているサービス】コソーシング

代表取締役の永谷氏は、東芝テック、日本ユニシスを経て、1999年に株式会社ネットマンを設立。大学や企業の教育において、ITを活用した「学び合う場づくり」を提供しており、教育に活用するIT商品は全てオリジナル企画で展開している。また、特許商品を生み出すなどの教育IT発明家と呼

ばれている人物であるが、経営者仲間の知人からの紹介により２００９年７月からサービスを利用開始。ネットマン社の社名の由来は、「ネットワーカーマネジメントカンパニー」。つまり、人とつながることを是としているような世界中のプロフェッショナルと組み、プロジェクト型で会社を遂行するという経営理念が前提となっている。まさにコソーシングの時代を見据えた先見性が感じられる。プロジェクトベースのワークスタイル提唱者、その第一人者である企業である。

著者が初めて永谷氏と会合した際、その卓越した理念と技術に感銘を受けると同時に、該社のコア・コンピタンスは永谷氏のタレント性にあると判断。個人事業主のネットワーク化こそが次世代の働き方と提唱していることからも、緩やかな連帯の確立こそがカギとなると確信し、そのコミュニティのコアとなる永谷氏のブランディング構築に向けた出版に関するアドバイザリー、マーケティング全般のコソーシング、セールスのクロージング支援など、全経営プロセスに責任を持ち、アウトプットコミットを実施。

時折しもリーマンショックの翌年。世間が資本主義に対する疑義を増す中、「ぶれない軸」と「柔軟性」を実現すべく、該社の過去の教育×ＩＴノウハウ全てを注入した書籍をプロデュース支援（『絶対に達成する技術』KADOKAWA／中経出版、２０１３年７月23日）。

その後、書籍を活用したマーケティング・販路開拓戦略を立案し、コソーシングで実行支援。最終的に永谷氏をコアとした「レジリエンス・コミュニティ」が形成され、日本全国各地で該社の販売代理店・パートナーを構築。有事・災害の際に首都機能が麻痺したとしても、都内オフィス以外にサテライトオフィスの整備が実現され、レジリエントな組織が誕生した。

コソーシングにおいては、経営プロセスをパーツ毎に切り出すアウトソーサー的発想を全面撤廃し、該社の理念、代表永谷氏の思いを徹底的に掘り下げた。その作業に相応の時間をかけたのち、事業戦略のアウトラインを描写、マーケティング戦略を構築した上でセールストークを作成し、ただのテレアポではなく、組織としての理念から社会価値を表現する、理念訴求型のセールスプロセスを実現させることに重点を置いた。

【事例2】 株式会社ＴＲＮ様

【企業概要】
代表者　：中島克己
事業内容　：内装工事仕上げ業・建築物リフォーム請負・建築物営繕工事・外構工事
本社所在地：福岡市南区向野1―21―1　ＴＲＮビル２Ｆ
【ご利用いただいているサービス】 アポハンター

該社は、「幸せにできる企業　幸せになれる企業」を理念として掲げている。理念実現の事業体であり続けるとともに、住宅業界の常識にとらわれず、新しい発想と知恵で革新を起こし業界のリーディングカンパニーとして活躍している。その挑戦し続け、先駆者であり続ける姿勢は関わる企業に刺激を与え、該社の展開している「リノリースクラブ」は、北は北海道、南は沖縄まで、全国で空室物件をリノベーションするシステムを提供している。当システムは空室物件を即満室にできるノウハウを有しており、ＦＣ店を全国に開拓するために社内にテレアポ担当を置き、インソーシングで顧客開拓をしようと考えていた際、知り合いの会社からのご紹介で２０１１年4月よりサービスを開始した。

サービス利用をいただいたのはまさに3・11の翌月ということもあり、世は営業自粛の大合唱であった。

該社は本社が福岡であることもあり、震災の直接被害はほとんど受けていなかったが、首都圏以東の雰囲気が悪化していたことから、まずは被害の少ないところから営業展開を行うようマーケティング戦略を設計。レジリエンス経営の要諦はコソーシングにあることを深く理解しており、営業権の販売を前提とするＦＣでの事業拡張を計画。フランチャイジーを拡大する上ではインソーシングよりコソーシングでマーケティングをする方が効率的であると提案し、協業開始。

当時は３・11をきっかけに各社のリスクマネジメント機運は高まっており、収益物件のみに依存していたとしたら、問答無用の有事において事業継続が困難になると、課題（懸念）を有する企業が増えていた。そこに満室を実現するＦＣサービスを協業により展開することで、１．ＦＣを増やすことでの該社のレジリエンス性向上、２．フランチャイジーの事業リスクの分散、３．コソーシングによる経営効率の向上、がコミットされた。

結果的に、該社のＦＣはコソーシングのマーケティング展開に伴い飛躍的に増加し、今では株式公開を前提に経営戦略を組み立てるまでに急成長。福岡本社、フランチャイジーは日本全国、理念はぶれず、と、物理的・理念的レジリエンスが高まっている。ＦＣのメンバーは「レジリエンス・コミュニティ」であるともいえ、相互互恵の関係が同グループ内に構築されている。

【事例3】株式会社榊輝様

【企業概要】
設立　　　：2007年3月（創業1999年5月）
代表者　　：榊原宏之
事業内容　：総合建物清掃、空調清掃、定期清掃管理、常用清掃管理、各種業務請負
本社所在地：愛知県名古屋市西区貴生町23―3　アートプレイスT2　3F
【ご利用いただいているサービス】アポハンター

榊原氏は、学業修了後に清掃業界に入り、23歳の若さで独立をなされ、その後法人化。現在は名古屋本社を中心に、東京・大阪・福岡に事業所を設立。清掃業務を中心とし、どんな業界・業種にも必ずプロが存在するように「清掃のプロで在り続けたい」であるとともに「キチンとキレイに清掃された空間」を創業理念として掲げる。何より理念・社会における事業の存続意義を大切にし、お客様が気持ちよくお過ごしできる空間にすることがサービスの根源である。清掃業界の中でも徹底した「清掃魂」をコンセプト（理念）として持ち、確かな技術とサービスで展開されており、2009年5月より筆者の経営する企業のサービスを利用した。

該社の強みは圧倒的な理念探求性、加えて徹底的な教育ノウハウにあると瞬時に判断。その深みのあ

る組織力を強みとして前面に打ち出すことを目指し、アミューズメント業界に的を絞り事業戦略を構築した。作業としての清掃を前提にする業者の多いアミューズメント市場において、該社の徹底的な人間教育に基づき生み出される清掃は、物理空間の清掃のみならず、目に見えない空間の清掃（清掃時の雰囲気・店舗内の明るさ）まで意識され、旧来、顧客の満足度が高かった。こうしたコア・コンピタンスを明確に言語化し、事業戦略から落とし込んだマーケティング戦略を構築。ダイレクトマーケティングにより、「清掃魂」を強みとしてアプローチを行った結果、日本全国各所で顧客開拓を実現した。

名古屋に本社がありつつ、顧客が全国に分散されることで、リテンションリスクがヘッジされ、「ぶれない軸」である「清掃魂」を堅持し、顧客が点在することで「柔軟」な経営判断が行われるインフラが実現。

現在は、清掃サービスに加え、付加価値の高い関連サービスを該社顧客にアップセルし、事業戦略におけるリスクを最大限ヘッジしている。まさに、所有からシェアの発想に重きをおき、清掃員の雇用においても個人事業主への外注を活用しながら、身軽で俊敏なレジリエンス経営を実践している好例企業である。

【事例４】株式会社ＦＵＣＡ様

【企業概要】
設立　　：２００５年２月
代表者　：岡田隆之
事業内容：Ｗｅｂサイトのプランニング（企画立案）、Ｗｅｂサイトの制作
本社所在地：東京都渋谷区恵比寿南１―９―12　ピトレスクビル３Ｆ
【ご利用いただいているサービス】コソーシング

リーマンショック直後、世の中の景気が冷え込んだ不振の時代に、少人数から確実な業務拡大を実現することを検討されている中、筆者の会社とご縁があった。まさに有事とも言える未曾有の金融危機に伴い、景気の先行きが不透明な中、新規開拓に先行投資する余力がなく、リードセールス部分をアズが受託し、協業を行いながら新規顧客開拓を実施。当初該社がターゲットと想定していた大手企業からの受注につながり、売上拡大に成功。特に、事業理念に沿った顧客のみをしっかりと拾い込めるよう、緻密な戦略を構築した上で適切なマーケティングを展開。

顧客開拓に成功し、ある程度リーマンショックの影響をやわらげ、事業の軌道に乗った後は、営業経

費を抑えるべく一度サービスを中断。受注後のオペレーションをしっかりと構築できるようリソースを集中させ、メンバーを増やし業容拡大に成功。

ある程度オペレーションが落ち着いた後、再度サービスを活用しマーケティング展開を実施。いつでも、どこでも、いくらからでもスタートできるコソーシングサービスは非常に柔軟性が良く、事業の軸を補強するのに最適と評価をいただく。契約条項に縛られるわけではないため、まさに緩やかな連帯関係を強固に実現させ、新規顧客開拓を中心に、確実な成果を生み出していった。

世界経済の激震に伴い、事業の前提条件が問答無用に変化する可能性があるなか、固定費のかかる営業員を抱えるのは、組織の硬直性につながり、リスクが上がる。変動費ベースで、特段契約の縛りもないコソーシング形態は、所有からシェアを実現するフレキシビリティを有しており、サービス品質（アポイント数、獲得率、質）及びスケジュール調整など高い柔軟性を高く評価いただくとともに、経営における営業利益の拡充、業容拡大に多大な貢献をすることができた。

【事例５】株式会社アルファクス・フード・システム様

【企業概要】
設立　：１９９３年12月９日（創業１９８７年３月）
代表者　：田村隆盛
事業内容　：外食企業向け
１．ＡＳＰ方式による各種イントラネット基幹業務サービス
２．システム機器の企画・販売
３．ハードウェア・ソフトウェアの全国メンテナンスサービス
４．Ｗｅｂによる業界専用ポータルサイト
（外食総合ｅマーケットプレイス）の運営・提供
本社所在地：山口県山陽小野田市千崎１２８番地
【ご利用いただいているサービス】コソーシング

山口県に本社を置く該社は、２０１１年、３・11の大震災の影響をほとんど受けることなく円滑な経営を持続させた。アズホールディングス社とのコソーシングを通じ、販売方法の仕組み化を徹底していたことがその要因である。混乱期の中でも品質維持を実現し、安定した顧客開拓を実現する。有事においての圧倒的な復元力を発揮した、レジリエンス経営実践のまさに好例である。

該社はもともと、製販一体の組織体制の弊害により、各営業員の営業スキルにムラが生じており、販売に十分な余力が割けない状態が続いていた。アズホールディングス社が得意とするマーケティングを軸としたコソーシングは、まさに課題解決に適したサービスと評価され導入を実施。数年間の協業を経て、製販一体の営業課題をフォーマット化させ、新規顧客開拓のマーケティング活動を安定化させる仕組みの構築を実施。

一部、インソーシングを組み合わせながら、全体のマーケティングオペレーションを仕組み化することを目的に、アズホールディングス社で新規営業工程全てを一括受託。コソーシングを行いながら販売方法の仕組み化に成功し、営業員を増員することなく、また不要な営業研修を行うことなく、販売工数の確保・販売クオリティの維持を実現。また、インソーシングに頼り切ることなく、コソーシングを伴う仕組み化のお陰で、東日本大震災の中でも慌てふためくことなく、平時かのように対応できた。

該社のように株式公開企業は、収益に対する災害の影響は甚大であろうが、平時のようにオペレーションを実施できたことは、株主に対する信頼をもたらし、株価の安定にも貢献した要素が強い。

第5章

レジリエンス経営を今からはじめよう

まず、事業理念の見直しと、事業体のあるべき姿を再定義

第1章で、経営理念は企業文化の形成においても重要な役割を果たしており、行動規範や成功の必須条件であると示唆した。経営理念は、経営姿勢、企業の存在意義など様々な形で表現されるが、一般的には時代の流れを超えた長期的な視点で、社会（顧客）と従業員に関する考えを語ったものが多い。これに対してビジョンは、経営理念で規定された経営姿勢や存在意義に基づき、ある時点までに「こうなっていたい」と考える具体的到達点、つまり自社が目指す中期的なイメージを、投資家や従業員や社会全体に向けて示したものである。

如何なる会社にも必ず経営理念があるが、企業は日々動き、後退と成長を繰り返す生き物である、と述べた。

さらに、付帯すべき点として、守りの力（Defense）と攻めの力（Offense）に、適応性（Adaptive）を加え、明確な意識を持ちながら強化する必要性を論じた。以上の考察を踏まえ、得た知見を取り込み、レジリエンス経営の実践をより具体化する、そのプロセスについて再定義を図ることをこの章の目的としたい。

守りの力（Defense）

有事における自社への被害をできるだけ少なくするために、対象とする原因脅威を特定し、脅威発生時の被害想定を適切に行い、脆弱性を明らか

にして事前対策を行う。

攻めの力（Offense）

被害発生時に迅速に対応し事業継続をするために、想定外の発生を常に意識し、優先すべき業務と復旧目標時間の設定を行い、迅速な初動体制と情報収集・分析方法を定め、複数の状況に対応できる方法を用意し、方針に従って迅速に対応できる組織的な能力を獲得する。

適応性（Adaptive）

様々な環境変化に柔軟に対応するために、環境変化を機会と捉え立ち向かう文化を創り、常に環境変化を敏感に捉えて共有する仕組みを創り、フラットで権限委譲された組織構造を創り、シンプルで標準化された業務プロセスを持ち、環境変化への資源の組み替え（代替戦略を含む）を迅速に行える仕組みを創る。

レジリエンス経営においては、まず大前提として、過去の出来事を精緻に調査する。環境変化や危機に対して、自らを変化・適応させることでこれを乗り切る力をつける。具体的には、過去の事象を具体的数値と共に正確な調査を行い、「想定外」の「想定内」化プロセスをすすめ、あらゆる事象が発生する前提で経営を組み立てる。その上で、今、何をやるべきか、現状のオペレーションについて、そもそも事業体のあるべき観点から抜本的見直しを図り、実行に移していく。具体的には、次の３つである。

なぜ？　　　将来にわたって自組織のミッションを果たすべく
↓
誰のために？　顧客、地域社会、取引先、従業員、行政、金融機関等のために
↓
どうやって？　組織と業務機能の機器や環境変化への適応力を高めることで

この3つを定める。定めたら、次にレジリエンス経営の要諦である、「ぶれない軸」と「柔軟性」を基盤とした、リスクに配慮した事業活動や投資につながるアクションを以下6つの要素から検討し、環境を整えた上で自社の強化策を組み立てていく。

①経営理念と中長期戦略及びリーダーシップと文化
②利害関係者との対話とガバナンス
③組織力向上のニーズ
④利用可能なリソースの活用（経営資源：ヒト・モノ・カネ・情報・リレーション）
⑤機会とプロセス
⑥深刻度合い

環境や体制が整っていないのに、いきなりＢＣＰを策定しても初動対応の不足が生じる。また、災害や危機により被害が出た際にオペレーションが滞り、顧客を困らせてしまう原因にもなる。初動対応のミス一つで、事業継続が困難になり廃業してしまうおそれがあるリスクを十分に考慮しなければならない。そのためにも、如何なる事象が発生してもワークするオペレーションを組み立てることが必須である。そして、その実行においては、ＬＬPをはじめとする他社との緩やかな連携、コソーシングの導入、「レジリエンス・コミュニティ」の組成、が重要である。

繰り返しになるが、レジリエンス経営の要諦は「ぶれない軸」と「柔軟性」の実効性にある。理念探求型で導いた本当に大切なもの（機能）の選定と、ノンコアプロセスのコソーシングが重要である。

ここで、とある食品業界での事例を紹介したい。

２０１６年4月に発生した熊本地震において、国は、避難所避難者への支援物資を被災地の要請を待たずに緊急輸送する「プッシュ型支援」を初めて行った。しかし、熊本県や地元自治体との連携が上手く取れなかったために、集積地に物資が必要以上に積み上がったり、配布の「公平さ」ばかりを重視したりした結果、必要なものが、必要な時に避難者に行き渡らない状況が発生してしまった。これは、官主導による支援体制の課題が浮き彫りになった証左と言える。

こうした混乱の中、自社の工場も熊本地震で甚大な被害を受けたにもかかわらず、被災者への緊急食料の支援にそつなく対応した企業がある。まさに、「レジリエンス・コミュニティ」組成の好例である。

自動車や電機産業といった大手製造業では、今回の熊本地震により、熊本・大分の現地部品工場が被災し、完成品の生産にも支障が生じるという「想定外」の事態が広がりを見せた。

しかし前記企業は、過去に起きた自社工場の火災や災害による会社存亡の危機に直面した教訓を基に、災害発生時には社長自らが陣頭指揮を執り、工場を昼夜稼働させ、被災地に救援物資を届ける仕組み（BCP）を確立させている。

この企業が有事に適切な対応が取れた背景には、日頃から取り組んできたハード・ソフト両面での危機管理への準備が「想定通り」に生きたこと、及び、「どんな試練や困難に遭遇しようとも、注文のあった製品をお客様に届けることに全力を挙げる」という経営理念が全社に根づいていたことが大きい。

この企業は日頃から経営理念と市場の接点を意識し、何を優先し、何を捨てるべきか、的確に判断できていた。そのため、経営プロセスにおけるコアプロセスとノンコアプロセスを瞬時に判断することができ、本当に必要なことに集中できる体制が整っていった。言うまでもなく、経営理念が有事のあらゆる優先アクションであるため、非常時の組織力、結束力は極めて強いのだという。

また、資本参加をしたり、生産委託提携を結んだりしているローカル企業との強固な連携もあるそうだ。この企業は、これら連携先の生産拠点から自家用トラックによる網の目のような自社物流網を構築しており、何があろうとも顧客先への物流機能を維持する仕組みが実現している。工場間で製品を相互に融通する社内トラック便も走っているそうだ。地元における理想的な「レジリエンス・コミュニティ」組成と、コソーソングの成功事例が見受けられる。

ある時、天災により道路が通行止めされてしまった。高速道路のサービスエリアに、この企業のトラックドライバーが足止めされた際、次のような判断をしたそうだ。このドライバーが運んでいた積み荷には大量の食材が積まれていた。この積み荷、高速道路の通行止めにともない、納品指定時間が大幅に過ぎてしまっていることもあり、工場に持ち帰っても廃棄処分の道しか残されていなかった。ドライバーはこうした状況を俯瞰的に判断し、本社に事情を説明。そして本社の承認を得た上、食料に困っているサービスエリアのドライバーたちに、特別に配布したのだという。

この行動は、会社のマニュアル（ＢＣＰ）などで定めた対応ではない。しかし、理念に基づく、企業の価値観、言い換えれば、日頃検討を続けた自社と市場との接点の考察による、生きたアクションである。このドライバーの機転が利いた行動とその様子は、ＳＮＳで瞬時に広がっていったという。

この事例にある企業は、「自前主義」を標榜している。一見するとインソーシングのスタイルに見える。決して、業務のアウトソーシングや、サード・パーティー・ロジスティクス（３ＰＬ）を前提にしていない。しかし本質はそうではない。

前述の通り、他社との連携は確保している。そして、ローカルで「レジリエンス・コミュニティ」を組成している。既に外注活用が一般化している国内製造業のメインストリームを考える中で、「自前主義」

と「保守性」は機会損失を生みかねず、また株価も押し下げかねない要因の一つである。株主が求める経営の効率化という面から見ると課題が多い中、外部企業との緩やかな連携を通じ、「自前主義」を前提としたオペレーションを組み立てている。これはまさにコソーシングである。自社の理念を大切にしている。そして自社がすべきプロセスに集中し、不足する機能は外部の地元企業に甘えている。「ぶれない軸」と「柔軟性」の好例である。

こうした、一気通貫の社内機能（ぶれない軸）が、柔軟な「レジリエンス・コミュニティ」形成に貢献し、結果、機動力のある緊急対応をもたらしているのである。

この企業の事例を見ても、現行のビジネスモデルを前提としてじっくり有事対策や具体的なＢＣＰの策定を進めることは重要であるものの、そもそもの自社の理念の在り方から探求した、本当に必要な経営プロセスに立ち返る発想も大切であることが分かる。加えて、災害や危機はいつ起こるか分からず、その規模も「想定外」であることは珍しくない。あらゆることを「想定内」にするためにも、「自前主義」を標榜しつつ、外部企業との緩やかな連携は必須である。そして、「レジリエンス・コミュニティ」の形成も重要な要件である。該社が想定外の事象も含め即時対応を講じることができたオペレーション、そのヒントは、日頃から「どんな試練や困難に遭遇しようとも、お客様のために」とする、経営理念の体現にあったのかもしれない。

最先端テクノロジーと社会変容。事業体のビジネスプロセスの接点を確認する

スペースX社のＣＥＯであり、またテスラモーターズのトップとして著名な起業家、イーロン・マスク氏は、２０１６年6月1日に実施されたテクノロジー関連イベント「コードカンファレンス」で、「２０２5年までに火星への有人飛行で、宇宙船を着陸させる」と発言して注目を集めた。

火星への有人飛行を悲願とするマスク氏である。目標達成に具体的日付を限ったこの手の発言をすることは十分に合理性のある話であり、期日に驚きこそすれ、その発言方針には特段驚かされるポイントはない。しかしマスク氏は、火星への有人飛行のみならず、同イベントで更に気になる発言を行った。ＶＯＸがその発言をまとめている。以下に紹介したい。

「私たちがシミュレーションの中にいると思わせる最も有効な議論は次のようなものだ。40年前、私たちはＰｏｎｇというゲームを手にした。２つの長方形とドットでできたものだった。当時のゲームとはそんなものだった。

そして40年後の今、私たちは何百万もの人が同時に遊べる、写真のようにリアルで３Ｄ機能を備えたシミュレーションを手にしており、これが年々進化している。そして間もなく仮想空間、拡張空間を手にできる。

こうした革新のスピードを前提とすると、ゲームは現実との区別がつかなくなる。たとえその進化の

スピードが現在の１０００分の1に落ちたとしてもだ。その時あなたはこう言うだろう。分かった、今が未来の1万年後のことだと想像してみよう。進化のスケールからすると無に等しい。

だから、私たちが今、明らかに現実と区別のつかないゲームを手にするという軌道の上にいて、このゲームが専用機やパソコンなどでプレイされていて、そのようなコンピュータなりセット・トップ・ボックス（チューナー）がおそらく何十億もあることからすると、私たちが何十億分の1という基底現実にいるという奇妙な状態を理解できるようになるだろう」

（以上、ＶＯＸより日本語訳し一部抜粋。http://www.vox.com/2016/6/2/11837608/elon-musk-simulation-argument）

発言にある通り、マスク氏は、基底現実と仮想現実との境目がなくなりつつあり、むしろ現在の私たちの存在は、壮大なグラフィックを備えた精巧なコンピュータシミュレーションである、と述べている。ＡＲやＶＲといった技術はその事実を我々に気づかせ、そもそもリアルと仮想の違いが存在せず、それらが融合する近未来を示唆していると述べる。

マスク氏の発言は突拍子もないように感じる。しかし、ネット社会全盛の今、私たちは常にスマートフォンを手にパソコンを叩き、メールやウェブチャットを行いながら仕事や学業をこなす。友人・知人とのやり取りはラインで行い、食事をした様子をインスタグラムにアップし、フェイスブックで知り合いの動向を確認する。休日一人で何かをする時も、ふと気になることがあればTwitterで発言し、欲しいものがあればAmazonでウィンドウショッピングを行う。

１日に24時間があるとして、うち睡眠時間を８時間差し引くと、私たち現代人に残された時間は16時間である。この16時間という所与の時間のうち、我々が基底現実、言い換えれば物理空間において投下している時間は何時間ほどで、仮想現実、言い換えれば情報空間において投下している時間は何時間ほどか。

もちろん、業種や職種、年齢によってその内容は大きく変わるが、少なくとも20代以上の社会人というカテゴリで区分すれば、少ない人でも16時間のうち１／３、多い人では２／３以上の時間を、情報空間に投下しているのではないだろうか。

街で見かけるカップル同士が互いに話さずＳＮＳで会話をする風景も当たり前のようになっており、リアルな空間でやり取りをせずとも、情報空間でやり取りをした方が楽であり、早かったりする。現代人のこうした習慣・習性を考えれば、マスク氏の指摘する、基底現実と仮想現実の融合は、そう違和感なく受け入れられる。むしろ私たち現代人は既にその過渡期におり、今後ウェブでの動画、ＡＲ、そしてＶＲが主流となれば、ますますバーチャルな情報空間での生活が前提となり、物理空間との境目がなくなることが容易に想像できる。

今はまだ、スマートフォンやタブレット端末といった、デバイスを通じてデジタル空間にアクセスすることが一般的だ。しかし近い将来、Google グラスのようなウェアラブルデバイスを更に進化させた、クールな、端末感のないものが登場し、更に手軽・気軽にデジタル空間と接する時代が来る。

更にその先に、ＢＣＩ(Brain Computer Interface)という技術が発達し、キーボードやマウスを使わず、直接頭の中で考えた動作を脳波から読み取り，それを基にして命令をつくってコンピュータに指令を与えるシステムが現実のものとなる。

この技術が普及することで、脳に直接チップを差し込み、脳波を言語化せず、チップ同士で読み取り合うコミュニケーションスタイルが一般化する可能性もある。英語や日本語といった言語を介さずして、人とコミュニケーションができる。脳で思いついたことがそのまま相手に伝わる怖さは残るものの、人とのコミュニケーションの在り方は抜本的に変わるであろう。

友人と会話し、遊ぶ約束をすれば、そのコミュニケーション内で交わされた約束の期日が自動的にスケジュールに組み込まれ、指定の場所まで自動運転の車が送り迎えをしてくれる。まさにＳＦチックな生活であるが、今巻で議論されている、ＩｏＴ、ＡＩ、自動運転、ドローンといった、最先端テクノロジーは、まさにＳＦ映画的な生活をもたらす、未曾有の技術であると言える。

私たちの身体は物質でできている。そして、物理空間で様々な人と出会いを重ねながら、それぞれの役割を互いに果たし、社会という集合体を構成してきた。

しかし、前記のような最先端のテクノロジーが主流となることで、物理空間での接点にこだわる必要は全くなくなる。全てのコミュニケーションが情報空間で片付けられるとするならば、そのプロセスがデジタル化されることもあり、圧倒的に効率的だ。ビジネス上の商談もわざわざ会いに行く手間が省け、オンライン会議、電話会議が主流となれば、移動コストも浮く。時間も余る。余った時間を、更に生産性の高い領域に使うことができるようになる。

現在注目されているテクノロジーはいずれも、人間のライフスタイルを抜本的に変える可能性を秘めたものばかりであり、これら技術が具現化すると、ワークスタイル、人生観、価値観に、強烈なパラダイムシフトを起こす。私たちの空間に対する考え方は変わり、時間の使い方が根本から変わる。不要なことに割く時間がなくなり、余計なストレスがかかりづらい環境が生まれる。

イギリスで発生した大規模な産業革命に伴い、家内制手工業から工場制手工業、そして機械制大工業へと労働形態が変容を遂げてきたが、20世紀後半から始まった情報革命は、人間のライフスタイルを根本から変える。特にＡＩの技術は、ブルーワーカーのみならずホワイトカラー、しかも知的労働者階級トップ数パーセントの機能まで代替しかねず、産業・労働の在り方に大きな変化を投げかける。

少し前に、オックスフォード大学のオズボーン准教授が、10年から20年後、約47％の人の仕事がなくなるという大胆な予測を発表した。オズボーン准教授の調査では、技術の進歩がめざましい勢いで進むＩＴ産業・機械による業務の自動化に伴って、どのぐらい人間の仕事が奪われてしまうのか、ということが分析された。

その結果、今後10～20年ほどで約47％の仕事が自動化されるリスクが高いという結論が出たのだ。調査に関する論文から、90％以上の確率で消える仕事リスト、その一部を抜粋すると、「銀行の融資担当者、電話オペレーター、レジ係、ネイリスト、弁護士助手（パラリーガル）、ホテルの受付、税務申告の代行者、簿記・会計の事務員、不動産ブローカー、動物のブリーダー、時計修理屋、図書館の補助員、塗装・壁紙張り、造園・用地管理の作業員……ｅｔｃ」、読者の方にとっても身近な仕事が多数目につく。

もしかしたら、ご自身の業務に関わるものもリストの中に入っているかもしれない。

２０１２年には、『10年後に食える仕事 食えない仕事』（渡邉正裕著、東洋経済新報社、２０１２年２月16日）という書籍もベストセラーになった。

前記オズボーン准教授の調査に近しく、著書の中でも10年後の職業について、なくなるもの、残るものが良く整理されており、参考までに図を転載するので参照された

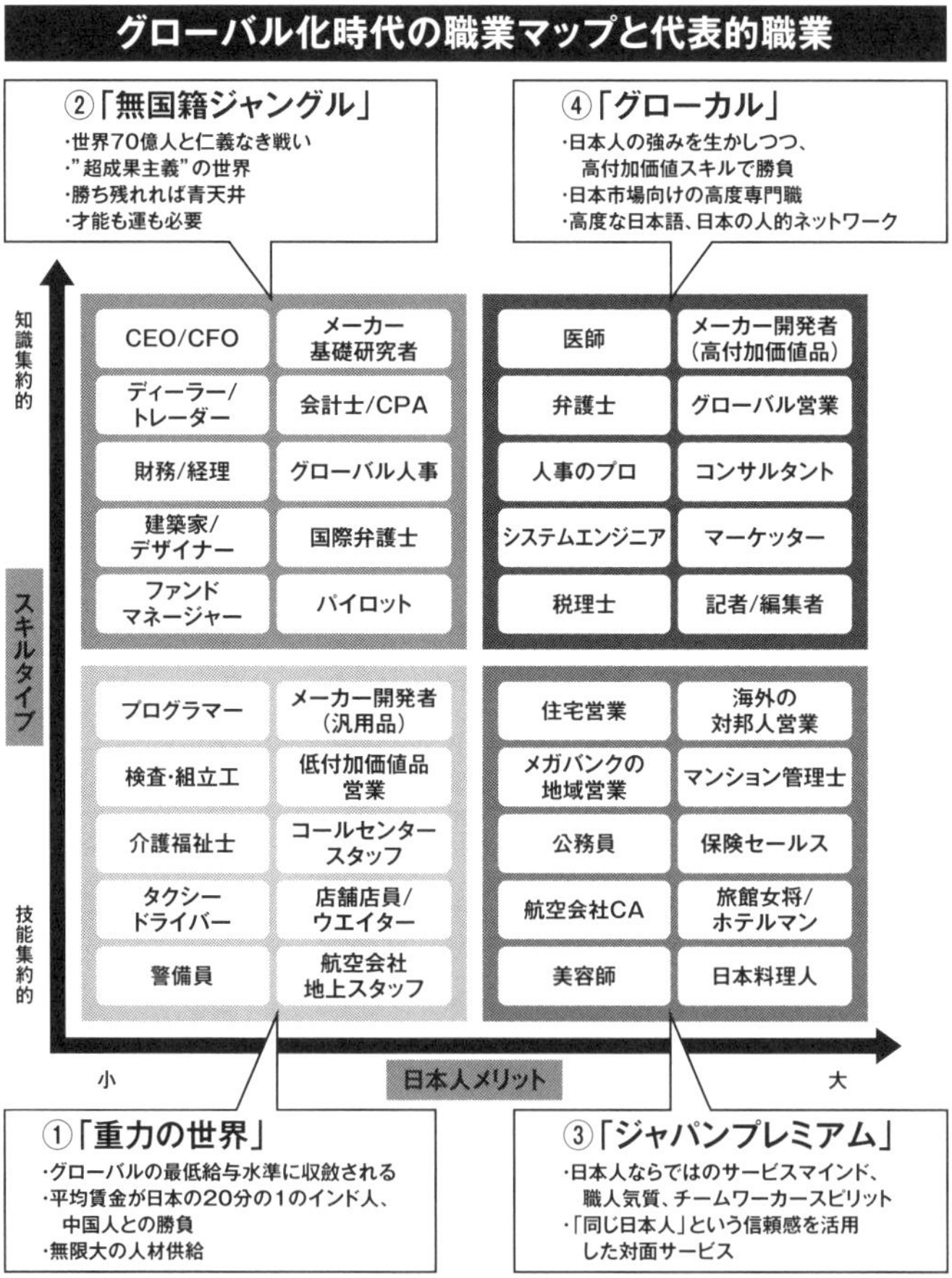

『10年後に食える仕事 食えない仕事』（渡邉正裕著、東洋経済新報社）

い。

技術革新が起こり、私たちの産業・労働の在り方が変わる議論がなされると、雇用がロボットに奪われることに危機感を抱く向きが多い。ＷＳＪをはじめ主たる経済誌も、論調としてはややネガティブに技術革新を取り上げる。現代資本主義においては「仕事＝アイデンティティ」となっているワーカーが多く、ロボットやＡＩにアイデンティティを奪われることから嫌悪感が生まれるのかもしれない。

しかし、そもそも、労働やワークスタイルには多様な考え方があり、ロボットやＡＩが、本来人間のすべきではない仕事を全て代替してくれるとすれば、人間は生まれた余剰時間で、人間にしかできないことをすれば良いだけにも思える。

それはきっと、合理性や合理化で測れない、文化や伝統にちなんだ、人間らしい営みに回帰することを意味する。「喰うために働く」という資本主義的な思考から脱却し、「働かずとも喰う」ことができるようになれば、余った時間は人間らしい文化のはぐくみに投下できる。本当の意味での仕事とは何か、人間の生きる意義とは何か、こうした本質的な問いに向き合えるインフラが整うという意味で、ロボットやＡＩの果たす機能は大きいように思える。

20世紀が「労働と資本」の世紀だとすれば、21世紀は「遊びと人間」の世紀と言える。人間が本来の姿に回帰する上で、労働の代替は不可欠に思える。現代の技術革新は注目すべき速度で変容を遂げており、その変容に伴う社会変革は、全人類にとって無視できないものとなりつつある。

事例や調査内容を引き合いに出しながら、技術革新が私たちの生活を抜本的に変えていくことを述べてきた。そろそろ本題であるレジリエンス経営の話に戻ろう。繰り返し定義づけているように、レジリエンス経営の要諦は、「ぶれない軸」と「柔軟性」にある。

本章で述べたように、社会は技術革新と共に変わる。レジリエンス経営を実践する上で、この技術変容はとても無視できるものではない。第1章で議論したように、BCM、BCPの整備はレジリエントな経営の在り方に必須であるが、十分な条件では決してない。

BCPは現行の事業を前提に対策を組み立てるため、ハード・インフラ面が変わらない前提で設計される。当然、有事を想定すればBCPは欠かすことができない機能であるが、同時に、変革を遂げる社会と自社事業との接点をその都度見直しながら、「持つ必要のあるプロセス」「捨てて良いプロセス」を選別し、自社事業をコアプロセスに集中させていく必要がある。不要なプロセスがなくなり、本当に必要なコアに集中できる環境は、企業をレジリエントにしていく。技術革新で持つ必要のなくなったプロセスは沢山あるはずだ。そうしたプロセスを随時探し、選別し、見直す。

例えば介護現場において、現場の作業報告を行う日誌は、いまだに紙で管理されているのが一般的だ。個々人別に作業報告がまとめられた日誌は、介護関連企業にとって必須の経営資産である。レジリエンスな経営を目指すにあたり、地震や津波を想定し、ドキュメントの保護は必要だ。

そのため多くの企業では、その都度コピーを取ったり、原本をデータ化するために手入力を行ったりしている。複数の拠点から本社にデータを郵送させ、そのデータを別のサーバーにバックアップしている。こうした現行の事業を前提としてＢＣＰを組み立てることは有意義だ。一方で、クラウド技術が全盛の昨今である。経営プロセスそのものをＩＴ化させ、もっと手軽で、もっとしなやかな形態が成立しうる。

筆者の経営する企業における実例で、介護現場のＩＴ化を推進しているケースがある。我々の経営する企業において、手書きのメモ用紙をスマホで写真撮影すると、紙で書かれた手書きの文字が、そのままの形で全てデジタル化されるというサービスを提供している。介護現場にこのサービスを組み込むことで、経営プロセスが相当に軽量化された。現場で日誌を写真撮影するだけで、瞬時にその内容がデジタル化される。デジタル化されたデータはクラウド化されたサーバーに保管され、本社、営業所、介護現場、いずれの拠点からもそのデータにアクセスすることができる。

万が一、大規模災害は発生し、本社機能、各地営業所機能がダウンする事態になったとしても、クラウド上のサーバーデータにダメージはなく、現場での有事対策さえしっかりと行われれば、迅速にオペレーションを復旧できる仕組みとなっている。企業として大切な「ぶれない軸」を保護しつつ、「柔軟」な技術活用でレジリエンスな経営を実践する好例である。

また、このアナログデータのデジタル化サービスは、営業人員に経営が左右される、いわゆる営業会社という業態にも威力を発揮する。具体的には、保険会社、通信機器販売会社、証券会社、などである。

こうした業態にとって、最も重要な経営資産は、営業員である。営業員が顧客を開拓し、顧客が会社に利益をもたらす。もちろん、収益の前提となるビジネスモデルがあるわけであるが、ビジネスモデルで優位性を見出しにくい業界だと、どうしても営業員に差別性を求めることになる。営業員の魅力は個々特徴があり、その再現性はほぼゼロに近い。

従って、万が一大規模災害が発生し、営業員に何か不慮の出来事があった場合には、こうした業態の企業にとって、致命傷となりかねない。ただでさえ、個々人のスキルに依存する営業会社という業態である。平時であれ営業員の活動、顧客への提案状況が可視化されづらい業態である。

有事が起こり、最重要な経営資産である営業員に何か不足の事態が起これば、顧客の引き継ぎ、提案状況、収益機会の把握が困難となり、迅速な回復、立て直しがなされないリスクがある。名刺交換からはじまり、顧客とのやり取り、業務日報、こうしたアナログな手法でやり取りされる全てのデータをデジタル化させることができれば、営業員という無形固定資産を有形固定資産に変換することができる。

誰と、いつ、どんな経緯で名刺交換をし、実際の商談ではどんな会話を展開し、次のアクションは何をするのか。こうした営業プロセスが全て可視化され、企業の経営資産として全て引き継がれることで、企業のレジリエンス力は著しく高まる。また、セールスフォースや旧来のＳＦＡ（Sales force automation）のサービスと異なり、名刺や商談ノートをスマホで写真撮影するだけでデジタル化されるのである。

通常のＳＦＡにおける設計思想は、トップダウンである。営業員に、トップが無理矢理情報を書かせる。営業員は情報を書けば書くほど、上長・上層部からセールスの状況に発破をかけられ、プレッシャーが増す。面倒なことに加え、自身がデータを細部まで入れれば入れるほどプレッシャーが増すのであれば、正直にデータを書く営業員などほとんど存在しないであろう。

比して前記のサービスは、スマホでボタンを押すだけで、あらゆるデータがクラウドサーバー上にデジタル化される。手前味噌で恐縮だが、営業員にとっても商談後、日報を書く必要がなく、簡易に名刺データを管理することもできる。まさにボトムアップの発想で、現場にインセンティブを付与してアナログのデジタル化をすすめる思想のサービスである。

言うまでもなくクラウドサーバー上にデータが保管されるので、本社、営業所、営業員個別からアクセスをしても、いつでもどこでも、データ照会ができる仕組みとなっている。こうしたインフラを整えておけば、例えば大規模災害が発生し、営業員に不幸があったとしても、その営業員に紐付く顧客情報、提案状況を瞬時に照会することができ、完璧と言わずまでも、顧客の引き継ぎ、提案プロセスの執行を実施することができる。

勿論、ＢＣＰを徹底して自社の営業員を最優先に保護するプランの整備はマストであるが、それでも守りきれなかった保全として、こうしたクラウドサービスを活用するバックアッププランは、レジリエンス力の強化に不可欠である。

これまで見てきたように、最先端のテクノロジーは、ビジネスの在り方のみならず、我々のライフスタイルそのものを抜本的に変えていく。技術が変わることで社会そのものが変わり、社会が変わることで、当然に自社の事業の在り方も変わる。技術革新を無視する会社が生き残れることはなく、まさにレジリエンス経営の要諦である、「ぶれない軸」と「柔軟性」を駆使しながら、自社に取り入れられる技術を積極的に取り入れ、強くしなやかな事業体を目指していく必要がある。レジリエンスな事業体を目指し、最先端テクノロジーの取り入れと経営プロセスの見直しを執行するにあたり、以下の手順を参考にされたい。

1．自社の業界に関わる技術革新と将来の見通し
2．経営資産の棚卸し
3．ＩＴ技術による機能代替可否の評価

最先端テクノロジーを自社に取り込みレジリエンス経営を実践する上で、まず、自社の業界に関する未来を見通すことが必須である。５年後、そして10年後、自身の事業モデルはどのような変容を遂げるのか。そもそも事業体として存続しうるのか。あるいはしえないのか。しうるとすれば、どのような形態であれば存続可能性が上がるのか。

例えば英会話スクールを営んでいる業態であれば、そのうち自動翻訳アプリ、前記ＢＣＩの登場が、技術革新として想定できる。純粋な英語学習〝だけ〟を提供するニーズは緩やかに薄れていくことになる。

一方、英語の学習には異文化の理解も含まれる。言語はあくまで手段であり、大切なことは何を伝えるか、言い換えれば文化の相互理解である。旧来の英会話スクールが副産物として果たしてきた文化理

解の促進は、国境がある限り続くはずであり、そこに事業体としての存続可能性を見出すことで、有事や時の洗礼に耐えうるレジリエンスな在り方のヒントが得られる。

あるいは、書店という業態を営んでいる企業があったとする。純粋に本を売る〝だけ〟の機能は、既にAmazonはじめ大手ＥＣに代替されており、斜陽産業として衰退することは容易に想像できる。一方、書店の提供しているファンクション（社会的意義）を、本の売買だけでなく、知との遭遇と再定義すると、書店の在り方に新しいヒントを投げかける。ソーシャルメディアを駆使し、同じような知的ジャンルに興味のある人がリアルで出会える場所としてカフェと併合し書店をブランディングすることもできようし、書店の模様替えを行い、作家とファンの交流の場として徹底的にエッジの立ったつくりにすることも検討できる。

本を売るという物理的なファンクションは既にＩＴ技術に代替されているとすれば、人間にしか把握しきれない機微、そこに刺さる取り組みを積極的に取り入れ、書店の在り方を問う。書店にとって「ぶれない軸」は、単に本を売ることではなく、〝知との遭遇機会の創出である〟と再定義することで、「柔軟」な技術を取り入れ、外的要因に耐えうるレジリエントな事業体が誕生する。

自社の業界に関わる技術革新と将来の見通しを徹底的に行うと、自社の創業理念に必ず辿り着く。自分たちが一体何を社会に提供し、何を為そうとしているのか。この原点に立ち返り、機能を掘り下げ、そして現代の社会変容に対して柔軟にメソッドを変えていくことができれば、実に機能的な組織体が生まれる。

ＢＣＰが現行の事業プロセスに対するバックアッププランとすれば、この作業はまさに未来の見通しである。未来の事業体を定め、未来のＢＣＰ／ＢＣＭを構築する作業の一貫である。社会の変革を予想し、仮説を立て、自社のあるべき理念に回帰する。最先端テクノロジーの取り入れとレジリエンスな在り方の実現には、こうしたプロセスが有効である。

次に、自社の業態に対する見通しがある程度立ったら、自社の経営資産を改めて棚卸ししていく。英会話スクールで言えば、立地（場所）、講師、教材、広告宣伝ノウハウ、などであろう。書店で言えば、立地（場所）、在庫、販売員、ブランドイメージ、などである。現行の事業がこうした経営資産によって支えられていることを認識するとともに、将来のあるべき事業体に近づけるため、本当に必要な資産、本来は不要な資産を棲み分けしていく。

英会話スクールの例で言えば、今は英語だけを教えることに付加価値をおいている業態から、ゆくゆくは異文化交流を前提に付加価値をスライドする業態転換の必要性があると判断したとする。この観点からすると、講師の質や立地について再検討を行う必要が出てくる。先のマスク氏の事例ではないが、今後基底現実と仮想現実の境目がなくなるとすれば、わざわざ物理空間に店舗を保有する必要もなくなるかもしれない。

店舗がなければ、ＢＣＰで有事を想定する際にも、対象資産が少なくなり、よりスマートなバックアップランを用意することができる。異文化交流のイメージが強い西麻布や六本木に本店だけ構え、他は全てオンライン化させることも有効かもしれない。

また、講師についても、単に英語ができる外国人ではなく、エッジの立った講師、例えば茶の点てられる中国人講師、ソムリエの資格を持つフランス人講師、ムエタイの強いタイ人講師と、バラエティーに富んだ展開もありうる。語学のレクチャーから文化のレクチャーとコア・コンピタンスをスライドさせることで、レジリエンス力を強化するとともに、新たなイノベーションの機会を見出すこともできるかもしれない。

同様のことが書店にも言える。電子書籍全盛の時代である。書籍については、全てオンラインで処理してしまい、リアル店舗は、作家とファンの交流の場に特化してしまう選択も考えられる。飲食店とコラボし著名人のプロデュースするレストランもありうるし、知のカフェと称し、同じ趣味・知的好奇心を有する人々のコミュニティの場として書店を位置づけることも考えられる。抜本的に業態が変わることで、書籍の在庫リスク（津波などで本が流されてしまうなど）、販売員保護リスクが相応削減される。技術の変容に伴い、本来提供すべき事業の本質的意義に気づき、事業体を変えることで、有事に備えたレジリエントな体制が浮かび上がる。

そして最後に、あるべき姿から逆算した際、ＩＴ技術やロボットで代替できる機能は何で、何が代替できないのか、全体のプロセスを改めて見直してみる。

自社の強みはこれだとこだわっていたコア・コンピタンスは、産業構造の変化で全く異なる形式になることがある。一昔前に最も在庫が豊富な書店としてブランディングをした企業は、Amazon はじめＥＣの登場で、その強みがそのまま在庫リスクへと直結する。

有事においては在庫評価損リスクが発生し、平時においても在庫維持コスト（場所代）が甚大となる。直接外国人と話せることを売りにし、外国人講師を常に正規雇用してきた英会話スクールにとって、オンライン英会話サービスの登場は、その強みがダイレクトに固定費リスクの増大につながってしまった。有事の際、正規雇用する講師を保護するコストも増大し、平時には給与という形式で固定費が経営を圧迫する。技術一つで、強みが弱みになり、時に致命的なリスクとなりうる。

前記の通り、産業の未来を見通し、自社の経営資産を棚卸し、その上で、あるべき姿から逆算した際、本当に必要な領域はどこか、ＩＴで代替できるところはどこなのか、経営資産を取捨選択し、取り入れるべき技術を、積極的に取り入れていく。

可能な限り身軽に、そして柔軟な経営体質を目指し、自社の業態に叶ったテクノロジーを取り入れることは、企業の「ぶれない軸」を強化し、「柔軟性」を高めていく。前述したコソーシング、そしてＬＬＰといった形態を活用しながら、プロフェッショナル企業・個人と積極的に技術を取り込んでいくことが、レジリエントな企業づくりに必須のプロセスである。

ノンコアプロセスを補強しうるアライアンス企業との提携・企業ナレッジの蓄積

レジリエンス経営実践に向けて、大きなヒントは他社（者）との緩やかな連帯である。前述したように、その連帯形式を代表する一つにコソーシングが挙げられ、コソーシングこそ、レジリエンス経営の実践に向けて非常に有効な事業形態であると考えられる。

議論したように、コソーシング成功の秘訣は、アライアンス先選定に委ねられる。繰り返しになるが、アライアンス先選定については、以下のステップを参考にシビアに判断を行った上で、慎重な選定が求められる。

1．価値観の合致
2．目指すベクトルの一致
3．経営プロセスの共有
4．成果目標の共有
5．レベニューシェアの明確な定義
6．出口戦略の共有

コソーシングの意義、アライアンス先選定の重要性については既に他の章で触れているので、本章においてはより具体的に、レジリエンス経営の実践に向けたコソーシングの導入イメージを記していきたい。抽象的な表現ではイメージが湧きづらいため、具体的に課題を有する企業像を展開しながら、アライアンス企業がノンコアプロセスをどのように補填しうるのか、検証を進めたい。

例えば製造業があり、商品を売る専門販社があるとする。互いの企業には、それぞれ定めたビジネスプロセスがある。製造業においては、調査・企画・サンプル・製造・販売・納品といったプロセスがあるとする。販社においては、調査・販売・フォロー・追加提案、といったプロセスがあるとする。当然、いずれのビジネスプロセスは重要である。

しかし、重要性の濃淡でいうと、製造業にとっては言うまでもなく製造に関わるプロセスが最も重要性が高く、販社においては販売に関わるプロセスが最も重要性が高い。如何なる業態の企業においても、それぞれが有する強み・専門領域というのは異なるものであり、その濃淡が出る箇所に、企業としての競争優位性が生まれる。大資本がなければならない事業体は別かもしれないが、ほとんどの企業のケースにおいては、ビジネスプロセスにおける得手不得手が存在し、その強弱が浮かび上がる。そして、伸びる企業は自社の強み・専門領域に焦点を当て、伸びない企業は自社の弱みを改善しようと試みる。

コンサルティングのプロセスには、課題解決型のアプローチと、未来志向型のアプローチがある。前者は企業や組織の弱み・課題に焦点を当て、それを潰そうとするアプローチである。後者は企業や組織の強み・未来に焦点を当て、未来解決型で企業成長を試みるアプローチである。

一昔前までは問題解決・課題解決という言葉が流行っていたが、最近はソリューションフォーカスドアプローチという心理用語とともに、長所進展、未来志向型アプローチの存在が目立つ。理由は様々あろうが、主たる要因として、人も組織も強みに焦点を当てた方が、成長速度も早く、結果が出やすいためであろう。

製造業に販売を強化させるよりは製造に集中させた方が良く、販社に製造を強化させるよりは販売に集中させた方が良い。企業にはその成り立ちに必ずストーリーがあると述べた。企業は存在意義や事業理念とも言われるそのストーリーと共に誕生し、企業の強みは、往々にしてそれら存在意義と密接に絡んでくる。企業の強みはその事業体の存在意義と関連しており、強みを伸ばすことは事業に理念の再認識を促進する。強みに焦点を当てることで理念の回帰を図れる点も、未来志向型のアプローチが主流となった一因であるかもしれない。理念の回帰を図った組織はまとまりが強くなり、チームとしての威力が増す。結果的にそれはコンサルティングプロセスの成功確率を高め、ソリューションフォーカスをしたアプローチの普及を促したのかもしれない。

優良企業との連携性を強める上で、コアプロセスとノンコアプロセスを整理し、ノンコアプロセスを補強してくれるアライアンス先企業を選定するステップが必須だ。コアプロセスとノンコアプロセスを棲み分ける上で、現行の事業を前提とし、自社の認識する強み・弱みをあぶり出すことも重要ではあるが、そのアプローチだけでは、たまたま運良くワークしているプロセスも強みと評価するノイズが走ることもある。

本当に組織として有する強みは何なのか。これを導く上で、ここでもやはり、事業理念に回帰することが一番の近道である。創業の思いと連続性のある、本来強化すべきプロセスを導き出すこと、そしてその思いを実現させるためのプロセスを描くこと。これが、最適な協業実践に向けた最適解である。

アライアンス先選定、ひいてはコソーシングの実践において、最重要なワークフローは「事業理念の回帰」であり、理念に回帰することで、本来あるべき企業の理想象を組織内・外に共有できる。前述した技術革新や社会変容も織り込みながら、最も大切にすべき価値観を手にし、その実践に向けたプロセスを棲み分けしていく。「自分たちはこの領域においては負けないし、存在意義からも負けてはならない」。こうした強い意識の働くビジネスプロセス同士が互いに噛み合った、バリューチェーンは強い。余程の有事がない限り、この連帯を断ち切ることは難しい。

理念から回帰することで生まれるコラボレーションは、他業態との積極的な連携を導き、思わぬイノベーションの機会も生む。レジリエンスな経営の実践、それに向けた理念探求型のコソーシングは、強くしなやかな企業づくりの一環として企業のあるべき姿を導き、競争優位性を高めてくれる。

セブン‐イレブンやローソンといったコンビニの業態において、アニメとのコラボが目立つ。ローソンにおいては、中国でも「名探偵コナン」や「ナルト」といった著名アニメとのコラボ店舗を運営するなど、このアライアンスは海外にも広がりを見せている。こうした連携はバリューチェーンが画一化されていた以前では想像もできなかったアライアンスであり、コンビニの求めるコアプロセスである「利便性」と、アニメのコア・コンピタンスである「楽しさの探求」が綺麗に噛み合った、理想的なコソーシングであると言える。

人を楽しませることを徹底的に追求したアニメには、熱烈なファンが付いている。利便性を追求したコンビニは、多くの人が集まるハブステーションとしての機能が働く。アニメの有店舗型で立体的にファンを楽しませたいアニメと、便利な場所で人々がもっと楽しめるように仕向けたいコンビニは、存在意義に基づき互いの強みを発揮し合う、理想的なコラボを実現させた。そしてこのコラボは、アニメファンのコンビニ送客という新たな収益機会を生み出し、イノベーションの一環を実現させた。

コンビニに限らず、アニメコラボは、外食、アパレル、テーマパークまで、人が集まるハブステーション的な業態に次々と受け入れられつつあり、そのナレッジは成果という確かな事実のもと、広がりを見せつつある。

アニメとのコラボに近しい事例を挙げると、「ＧＵＣＣＩ」×荒木飛呂彦のユニークなコラボが挙げられる。荒木飛呂彦は人気漫画「ジョジョの奇妙な冒険」の作者であり、同作品は熱烈なファンを擁する。「ＧＵＣＣＩ」というハイブランドがコミック関係のコラボを展開することは意外であったが、コラボをアレンジしたクリエイティブディレクター、フリーダ・ジャンニーニはこう語る。

「荒木氏との今回のプロジェクトは、これまでのコラボレーションの中でもっとも楽しいものでした。荒木氏が創りだしたマンガストーリーは、エネルギーとセンシュアリティ、そして惹きつけてやまない魅力にあふれ、私がデザインしたクルーズコレクションに楽しく、そして魅惑的に命を吹き込んでいます。今回のウィンドウデザインは、世界中の都市で道行く人々の足を止め、荒木氏が創りだしたすばらしいファンタジーの世界に引き込まれることでしょう」

「ＧＵＣＣＩ」の理念は、「最上の伝統を、最上の品質で、しかも過去の良い物を現代に反映させる」、である。ハイブランドらしい、魅せ方を徹底的に追求した表現力あふれる理念であるが、コミックも確かに、世相を表現する最適な手法であり、人を魅了するという点では、商品とコンテンツ、手法は異なれど、共通点はある。ジャンニーニが語る通り、世界中の人々の足を止める〝表現〟としては荒木飛呂彦とのコソーシングは最適な事例であり、「ＧＵＣＣＩ」らしいイメージを普及する施策としては成功を収めたといっても過言ではない。

タカラトミーとルミネのコラボも、その優位性は注目すべきものがある。玩具メーカーのタカラトミーでは他社のリアル売り場とタイアップした販促キャンペーンを行い、大きな成果を挙げている。同社では「リカちゃん」の通販限定ブランドとして「ＬｉｃｃＡ（リカ、税抜価格1万円）」を発売した。もともと、「リカちゃん」人形は子ども向け商品としてのイメージが強かったが、公式ツイッターを開始してからは20～30代の女性を中心にフォロワーが集まり始め、大人の消費者にも再認識してもらえるようになったという。

限定ブランド「ＬｉｃｃＡ」は、従来の女児向けではなくファッション性を重視した大人向けの商品切り口であることから、若年女性客の多い「ルミネ池袋店」と期間限定のコラボ企画を展開した。ルミネは20代女性が洋服を買いに来るため、スタイリッシュなＬｉｃｃＡと店の構成が合うのではと感じたそうだ。ターゲットセグメントを考慮し、最適なタッチポイントとしてファッションテナントビル、ルミネを使ってアピールを図った形だ。メーカーとテナントビル、互いの強みを掛け合わせたコソーシングの好例であると言える。

ビックカメラとユニクロが手を組み、新宿駅東口にオープン当初、大きな話題を呼んだ新業態「ビックロ」も記憶に新しい。大手家電量販店とアパレルの王ユニクロが手を組むその発想は斬新であり、まさに現代ならではの注目すべきコソーシングであると言える。

クリエイティブディレクターは佐藤可士和氏が務め、組織・著名個人の連携した形態で「ビックロ」はスタートした。ユニクロもビックカメラも、マスの消費者と強烈に結びついてきた、という共通項はある。価値観も近い。そして顧客の嗜好性も、安くて良いものを求めているという点で共通している。ユニクロは業態こそアパレルの製造業的側面を持ち、ビックカメラは販売における圧倒的な競争優位性を持つ。良いものを安く創ることで製造業として理想的な集客を展開してきたユニクロが、圧倒的な仕入れノウハウによる無双の集客ノウハウを有するビックカメラと連携することで、このコソーシングがどんなアウトプットをもたらすのか、注目をしたい。

また、下着メーカー大手のピーチジョンも、ユニークなパートナーとコラボを展開している。その相手は、音楽フェス「ＵＬＴＲＡ　ＪＡＰＡＮ」だ。ピーチジョンでは、音楽フェスの公式ロゴをあしらいつつ、トップスとしても着用できる素材やデザインを採用したファッション性の高い下着を企画している。音楽フェス開催の1カ月以上前から先行販売を行ったものの、すぐに売り切れの状態となり、販売成績は上々だったようだ。

同社では、「ULTRA　JAPAN」とのコラボ商品として、「レーシィブラトップ」（税抜価格3241円）と「スリーラインチューブ」（同2778円）を企画した。同商品とも下着でありながら、トップスとしても着用できる素材やデザインを採用。また、ハイウエストボトムスなどのトレンドアイテムとのコーディネートや、背中を見せるファッションを楽しむことができるファッション性の高い商品となる。ピーチジョンの顧客層と、「ULTRA　JAPAN」の顧客層は、このコラボを提案されれば、共通点が多いことに気づく。女性の幸せ、女性の元気を社会の源と論じるピーチジョンの理念と、「ULTRA　JAPAN」に参加するクラブ系ミュージックの好きな女性像のイメージは重なることでより強固なものになるイメージがある。

ハウスメーカーやデベロッパーという業態においても、異業種コラボは展開されている。三菱地所と無印良品が手を組み、MUJIの有するブランドイメージをベースにした、「MUJI VILLAGE パークハウス」を企画した。

これは、無印の提唱するライフスタイルにあったマンションという形態を実現するプロダクトである。かねてより装飾より暮らし方に重きを置いた商品企画を三菱地所が志し、戸建て事業にも乗り出していた無印良品に声をかけてこのコラボがスタートしたと言われている。「〝良品〟の新たな価値と魅力を生活者の視点で探求し、提供していく」無印良品と、「人を、想う力。街を、想う力。」を提唱する三菱地所は、業態こそ異なるものの、価値観に共通項が見受けられ、コラボが生まれる文脈は理解できる。

住宅産業においてはこの他にも、木下工務店がFRANC FRANC(フランフラン)と共同ベンチャーを設立し、三井ホームがカッシーナと連携、伊藤忠都市開発と東京ガス、ＴＯＴＯが連携するなど、注目のコラボレーションが展開されている。差別性の難しくなった産業だからこそ、各業態それぞれが持つコアプロセスを組み合わせ、コソーシングを展開することで、顧客共有の新規シェアの確保を狙っているように見受けられる。

企業の事例が続いたが、地方自治体でも面白い取り組みは始まっている。宮崎県日南市が、ＩＴベンチャーとのユニークなコソーシングを活発化させている。

宮崎県の南部にある日南市は、城下町の飫肥《おび》や漁師町の油津《あぶらつ》を中心に栄えた。歴史や文化が色濃く残り、特産の飫肥杉をはじめ、観光資源にも恵まれている。

「人づくりこそがまちづくり」と考える同市では、「創客創人《そうきゃくそうじん》」というコンセプトを策定。行政らしからぬ、民間経営の発想で、既存の資源（強み）から価値を見出し、「新しい需要＝客」を創り、その客に価値を提供できる人を育てる。そんな考えで、民間企業と連携しながら、様々な事業に取り組んでいる。行政という立場でありながら、クラウドファンディング「FAAVO」で資金調達し、ニューヨークのギフトショーに飫肥杉工芸品を出展した。

ネット販売事業では、リクルートライフスタイルが運営するショッピングモール「ポンパレモール」に行政として初めて出店。特産品の６次産業化として、地元の食・観光メディア「in SEASON」と共に甘酒の商品開発を展開。
また、宮崎で食品製造・販売・レストラン運営を行う「ラディッシュセブン」と連携し、日南赤豚を一頭まるごと食べる会を企画している。まさに民間企業顔負けの展開であるが、こうしたコラボを積極化することで、「日南市はコラボしやすい」というイメージが定着した。地方自治体の役割は、まちを有名にし、人口流入を増やすことである。コラボ事業の成否は別に、活発なコラボレーションを展開することでコラボしやすいというイメージが定着し、知名度が向上した。日南市としての目的はこの時点で達成できており、仕掛け人には、策士としての実に秀逸なマーケティングセンスが垣間見える。

各種事例を見てきたが、注目すべきはいずれのケースにおいても、コソーシングの連携をする上で、「強みを噛み合わせている」という点だ。弱みが介在するコラボはほとんどなく、互いのプロセスにおける強み(コア)を前提としている。強みと強みが噛み合うことで互いの弱みがかき消される、まさにソリューションフォーカスドなアプローチが前提となっている。

更に、コソーシングにおいては価値観の共有が必須であるため、同業他社のコラボが前提となりそうだが、その実態は異業種とのコラボも多数ある。ノンコアプロセスを補強すること、言い換えれば弱みの改善ばかりに目がいくとどうしても同業他社との連携が前提になりがちであるが、長所進展、強みを伸ばしていくことに視点を変えると、自社にない魅力を持つ異業種とのコラボが視野に入る。アニメ・コミックとアパレル、自治体と企業といった、今まではとても相容れるイメージのなかった組織が融解していく。そして、互いの有する強みが掛け合わさり、弱みの解消のみならず、新たな競争優位性、顧客接点、そしてイノベーションの機会をもたらしている。

レジリエンス経営の実践に向けて、コソーシングは「ぶれない軸」と「柔軟性」を補填する有効なメソッドである。そして、前記事例を見ていくと分かるように、その実現は、企業に有事の復元力をもたらすばかりでなく、平時に新たなイノベーションの機会ももたらす。コソーシングは同業他社のコラボレーションのみならず、異業種とのコラボレーションにも見受けられる形態であり、異業種コラボレーションは、企業のコーポレートマーケティングに新しい発想を生む。コソーシングの一形態である、コラボレーション・マーケティング、その利点は何か。それは次のような点である。

1．コスト減・コストシェア
2．新規顧客の獲得
3．新境地の開拓
4．ブランド力強化

まず、1．であるが、コラボレーション・マーケティング、その第一メリットとして、コスト減ということが挙げられるだろう。

２社以上の企業が資金を出して広告宣伝活動などを行えるので、１社当たりの負担が少なくなる。あるいは、１社だけでは実現しえない規模の広告を制作することが可能となる。有事でも平時でも、事業を存続させていく上で、コストが圧縮されることは企業体質を強靭にしていく。半分の広告コストで同じ効果を実現することができれば、企業はより筋肉質となり、有事の復元力を高める。

また、コソーシングにおいて、異業種とコラボすることで得られる最大のメリットと言えるのが、２.新規顧客の獲得である。

「ビックロ」の例に見られるように、コラボ相手が大規模であればあるほど、そして知名度があればあるほど、既に獲得している固定客を、新たに自社の顧客として見込める。言うまでもなく、事業の目的は顧客の創造であり、全ての事業は顧客創出に向けたプロセスに帰結する。１社の新規顧客を開拓するコストは年間ＬＴＶ（Life time value）と同額と言われるほど、顧客開拓コストは甚大である。異業種とコラボすることによって、互いの顧客資産を共有し、顧客に商品を連携提案できることは、企業の競争力を高める上で非常に有効な戦略である。

また、人が驚く連携を実現させることで、３.新境地の開拓というメリットも生まれる。

ユニクロのクリエイティブディレクター佐藤可士和氏によると、「ビックロ」では、何かこれまでと違ったブレイクスルーになるようなことをしてみたかったとのこと。ブランドイメージがある程度固まっている企業でこのようなことを試みると、人々はその意外性に注目する。そしてその意外性は話題を呼ぶ。先の例で言う「ＧＵＣＣＩ」のコラボ例のように意外性に訴求するコソーシングを展開するだけで、勝手に話題性が生まれ、自動的にニュースが誘発される。ニュースが見られれば、仕掛けの知名度は上がり、仕掛けの知名度が上がれば、その知名度は売上・利益に貢献していく。

最後に、４．ブランド力強化も異業種コラボの産物として挙げられる。

認知度の高い企業同士がコラボすると、ブランド力強化につながる。最近では、競合他社であっても、共同でセミナーやイベントを展開する事例が目立つ。こうした大規模な活動は、実施するだけで話題になる上、コラボ相手の顧客も自社ブランドに注目するからだ。それがライバルであれ、異業種であれ、ブランドアイデンティティの強化は、いずれ自社の収益に貢献していく。

強く、しなやかな会社とは何か。それは、本書で長らく議論してきた、有事に対する強さもさることながら、平時においても独自の競争優位性を生み出し、イノベーション機会の探求を怠らない企業であろう。

売上創出の機会を最大化させ、費用を最小限に抑えていく。知名度を上げるために広告コストを最適化し、顧客資産を共有するため、あらゆる企業・団体・個人と手を組む。自社の産業や商習慣にこだわることなく、他業態、同業他社から学ぶ姿勢を忘れず、謙虚であり、それでいてアグレッシブなコラボレーションを展開する。企業として社会に為すべき理念を片時も忘れることなく、明確な「ぶれない軸」を持つ。そして同時に「柔軟性」を持ち、技術・社会変革に敏感であり、常に自社の事業体を見直し、あるべき姿に回帰させ、他社・組織と連携を試みていく。

20世紀は分断の時代であり、境目をつくることが大切であり、競争で勝つための差別性が重要であった。他との違いをアピールし、自社の強さを誇示し、他社の弱さを指摘した。しかし21世紀に入り、産業セクター、国、そして文化の垣根がなくなり、統合の時代に入った。境目が埋まり、これまで「異」とされていたものが融解され、統合性が評価されるようになった。「資本と労働」の時代は終わり、「人間とライフスタイル」の時代が始まった。

ロボットやＡＩ、ＩｏＴの技術が人間に人間らしい生活をもたらし、人間は余剰時間を、本当に大切にする価値観に投下できる時代となった。競争全盛の時代から共創が前提の時代となり、共に創り、共に生きるために、何を為すべきかが重視される時代となった。個の自己利益が追求される前提の資本主義にヒビが入り、有機的なミニマムユニットのコミュニティが立ち上がりつつある。

有事にも平時にも強固な絆を持つ「レジリエンス・コミュニティ」には、ライバルや競合他社と行った概念が存在せず、コミュニティに属するものは、みな協業パートナーであり仲間とされる。弱みを指摘し改善を促すのではなく、集まったものの強みを活かし合い、コソーシングという形態を通じ、同じ事業目的を果たしていく。

レジリエンス経営においては、「ぶれない軸」と「柔軟性」が要諦であり、実現手段としてはコラボレーションをはじめとするコソーシングが有効である。しかし、本当に大切なのは、実現手段ではなく設計思想である。コソーシングを行えばレジリエンスになるわけではなく、「何が企業であらしめるのか」という理念を常に探求し続ける思想が、結果的にコソーシング、他社との緩やかな連携につながっているに過ぎない。

時代が変われば、コソーシングという在り方も更に進化している可能性がある。ＬＬＰという組織形態以外のアライアンス有利な組織が生まれているかもしれない。「レジリエンス＝コソーシングで全て上手くいく」という硬直的な発想にとらわれるのではなく、「レジリエンス経営＝理念回帰で導く事業のあるべき姿の探求」、これが結果的に最先端技術の導入、他社組織との連携、コソーシングの実行、そして「レジリエンス・コミュニティ」の組成というメソッドに辿り着くのである。

コソーシングにせよコラボレーションにせよ、まず重要なプロセスは、自社と社会の接点の見直し、事業理念の探求にある。理念探求から逆算し企業のあるべき姿を導いたら、その時点で不足する機能が見える。そして更に思慮すれば、最適なパートナーが頭に思い浮かぶはずである。理念がコアとなり生み出された異業種コラボは、蜘蛛の糸のようにしなやかで強靭な絆を紡ぐ。理念がベースとなったコソーシングを展開することで、企業のレジリエンス力は更に強化されていくのである。

レジリエンス認証

本書のはじめに、の項目で、レジリエンスに関する政府の取り組みについて言及した。具体的には、内閣府主導で、「国土強靱化貢献団体」の認証制度を作り、ＢＣＰの策定をはじめとする日頃の備えをしておくことを推奨する取り組みを始めた。我が国は、災害時に事業継続ができる強くしなやかな企業づくりを推進するため、第三者により認証をする仕組みを創設し、国民運動として国土強靱化の裾野を広げる展開を始めた。ここで「国土強靱化貢献団体」の認証制度が、具体的にどのような制度なのかを解説しておきたい。私たちは、このレジリエンス認証制度こそ、まさにレジリエンス経営を全ての企業が考える大きなきっかけになってくれることを期待している。

企業の事業継続（ＢＣＰ策定）の取り組みが浸透していない現状を踏まえ、「国土強靱化基本法」が平成25年12月４日に成立した。国土強靱化実現のためには、企業・団体を含めた社会全体のレジリエンス強化が必須である。内閣府は、第三者の視点に基づき、「国土強靱化貢献団体」と称する、災害時に事業継続ができる可能性を最大限高めるプラン策定、それに自助で積極的に取り組んでいる企業・団体を認証する仕組みを創設したのである。

こうした動きを踏まえ、平成28年２月に制定した「国土強靱化貢献団体の認証に関するガイドライン」に基づき、国土強靱化団体認証（レジリエンス認証）制度が平成28年度より実施された。

認証制度の仕組みとしては、

①国土強靭化推進室は、企業・団体の認証のための要件を定めるガイドラインを策定する。

②認証を行なう主体は外部組織を想定し、同ガイドラインには、合わせて、この外部組織が備えなければならない要件も定める。

③このガイドラインに基づき、要件を満たす認証組織が、公平・中立的な立場から「国土強靭貢献団体」の認証を行なう。

④認証を受けた団体は、認証組織が定める「レジリエンス・マーク」を広告、名刺等に用いて「国土強靭化貢献団体」であることをＰＲできる。

としている。

「国土強靭化基本法」

□基本方針

①大規模自然災害等に際して人命の保護が最大限図られる

②国家及び社会の重要な機能が致命的な障害を受けずに維持される

③国民の財産及び公共施設に係る被害の最小化

④迅速な復旧復興

□基本計画・脆弱性評価

・国土強靭化に関わる指針として基本計画を定め、国土強靭化に関しては、国の他の計画は本計画を基本とする（＝アンブレラ計画）

・計画の策定に先立ち、脆弱性に関する表を実施

この制度の実施については、内閣官房国土強靭化推進室がガイドラインの規定とする「認証組織の要件」に適合していることを確認し、認証組織として公表された、「一般社団法人レジリエンスジャパン推進協議会」がガイドラインに基づき認証を行っている。

当推進協議会では、目的、取得のメリット、仕組みなどを以下の通り定めている。

・「レジリエンス認証」の目的

レジリエンス認証は、大企業はもとより、中小企業、学校、病院等各種の団体における事業継続（BC）の積極的な取り組みを広めることにより、すそ野の広い、社会全体の強靭化を進めることを目的としている。

・「レジリエンス認証」取得のメリット

(1)自ら事業継続に関する取り組みを専門家の目で評価してもらうことにより、事業継続の更なる改善へのヒントを得ることが、期待できる。
(2)交付を受けたレジリエンス認証ロゴマークを社員の名刺や広告等に付して、自社の事業継続のために積極的な姿勢を顧客や市場あるいは、世間一般に対してアピールすることができる。
(3)推進協議会や内閣官房国土強靭化推進室のホームページに認証取得団体として公表される。
(4)推進協議会より、国土強靭化に関するセミナー・シンポジウムに関する情報が優先的に配信される。

レジリエンス認証制度の仕組み

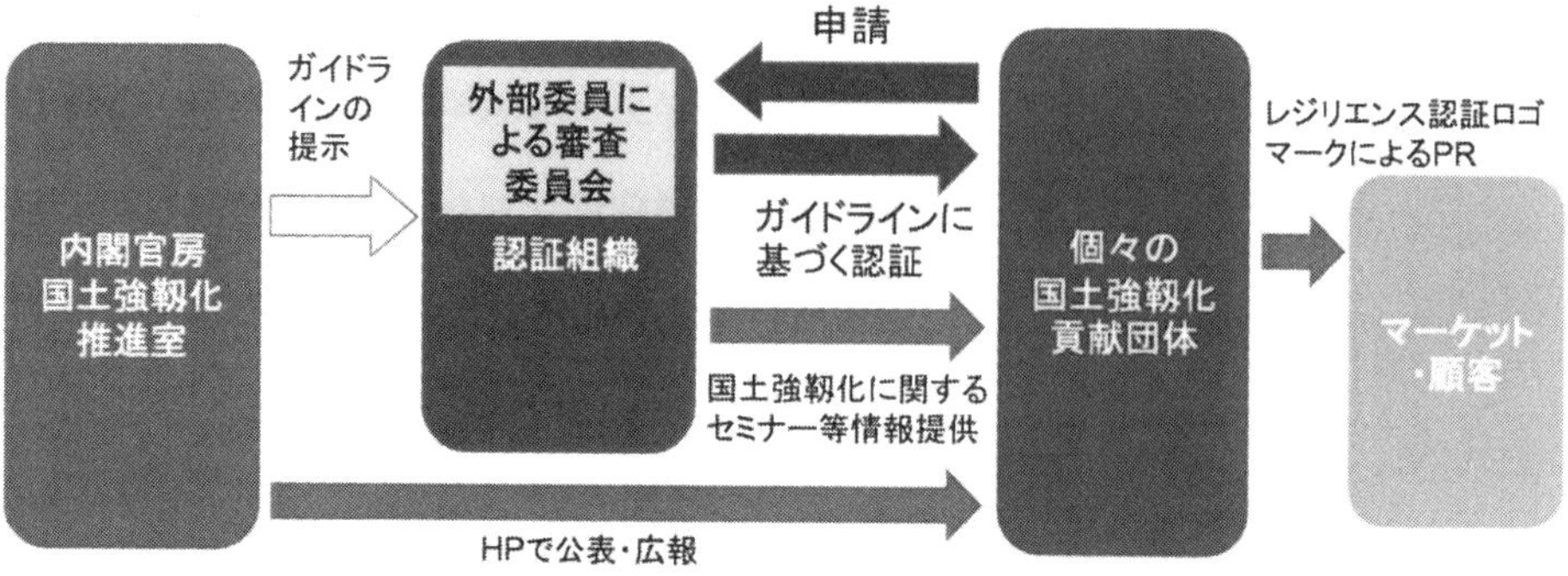

国土強靭化貢献団体認証「レジリエンス認証」制度のフレームワーク

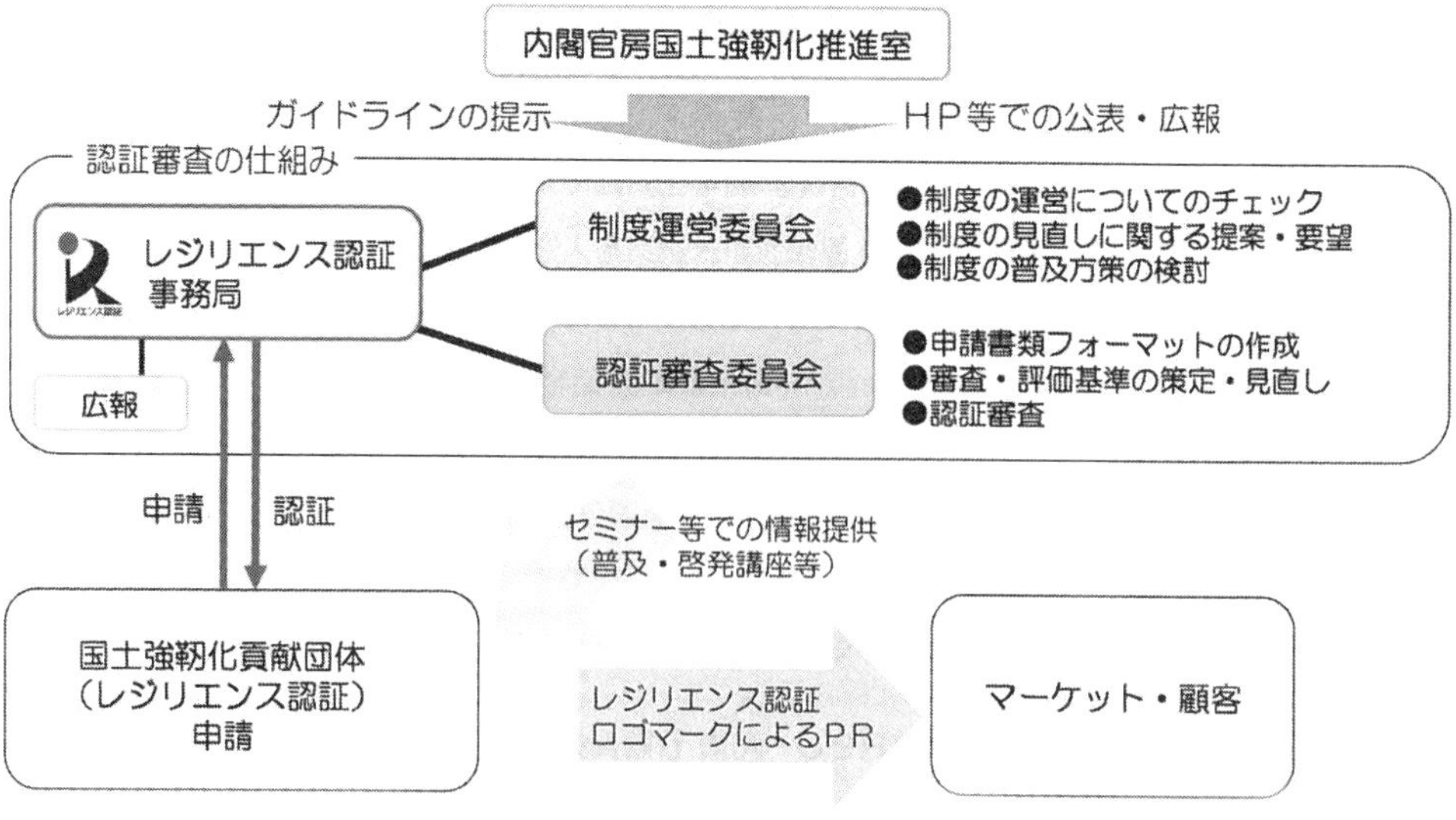

一般社団法人 レジリエンスジャパン推進協議会

この認証制度については、すでに1回目の募集が２０１６年5月末で終了しているが、今年度中にあと2回、認証募集があるとされる。平成28年7月29日、加藤勝信国土強靭化担当大臣が第一の認定企業44社を発表した。いよいよレジリエンス経営時代の幕開けである。

「レジリエンス認証」登録の方法や詳細については、一般社団法人レジリエンスジャパン推進協議会のホームページ http://www.resilience-jp.org まで参照されたい。

日本の全ての企業がこの政府による「レジリンス認証」をきっかけとしてレジリエンス経営を考えるきっかけとなることを祈念して本論を締めたい。

第6章
恩藏 直人×松田 元 対談

写真左 松田 元 / 写真右 恩藏 直人 氏

対談者

恩藏 直人
（早稲田大学　商学学術院教授）

松田 元
（アズホールディングス株式会社代表取締役）

特別対談

「これからの時代のレジリエンス経営について」

■マイオピアに陥らないこと——時代が変わっても顧客のニーズは変わらない

恩藏 直人（以下、O）：専門であるマーケティングの観点から「レジリエンス経営」について改めて考えてみました。まず抽象的で大きな話でいうと、ベースになるのは、いわゆる〝マイオピア（Myopia＝近視眼的マーケティング）〟ではないかと思うのです。

レジリエンスというと、突発的に大きな地震や災害が起きた時に、どのようにして企業が事業を継続・持続できるかどうかという話が一方にあります。しかし、もっと視野を広げてビジネスやマーケティングの観点から考えると、非常時だけでなく、平常時においても会社や組織がずっと存続できる道を考えないといけない。その時にベースになるのが、まさにマイオピアであると思うのです。

なぜかというと、T・レビット氏が「近視眼的マーケティング」として提唱していますが、「顧客にとってのニーズは消滅しない」からです。

例えば鉄道がモータリゼーションに代わり、映画がテレビに代わり、もっと身近なところでいえば、レコード盤がテープに代わり、CDに代わり、今はネット配信に代わっている。

でもこれらの本質は何かというと、まさにニーズです。顧客は、自動車であれば〝移動〟を求め、映画であれば

〝娯楽〟を求め、レコードやＣＤなどは媒体こそ変われど〝音楽〟を求めているのです。

このように、「顧客のニーズそのものは消滅しない」という事実を見落としていないか、つまりマイオピアの罠に陥っていないかということが極めて大事だと思います。その点を理解していれば、世の中が変化していっても組織として存続できる。ところが、それが分からないままでいると、一つのプロダクト＝製品が、一時的に顧客のニーズに対してソリューションを提供できたとしても、より良いソリューションが出てきてしまうと、すぐにとって代わられてしまう。鉄道という事業に固執して、その背景にある輸送というニーズを見落としていると、鉄道事業の斜陽化とともに、そこに従事している会社は存続できないのです。

マイオピアの存在を組織を構成する皆が認識することが、レジリエンスのベースだと思います。

■レジリエンス経営の2つのコア「ぶれない軸」と「柔軟性」

松田 元（以下、M）：僕も今回『レジリエンス経営のすすめ』というタイトルで本を書かせていただく時に、その意義や定義を多角的視点から考えましたが、レジリエンス経営には軸が2つあると思っています。

一つは「ぶれない軸」と呼んでいるのですが、事業理念や、その事業の社会的意義、こうしたものは絶対にぶらしてはいけない。

他方、ぶれない軸と一見矛盾するのですが、「柔軟さ」も大事だと考えています。市場やインフラや技術が変わっていく中で、会社の本来すべきこと、まさに先生がおっしゃったニーズに対するソリューションが、プロダクトにこだわることなく軸を大事にしながら柔軟に対応していくことがレジリエンス経営ですごく大事なことかな、と思っています。

現在のレジリエンス経営の流れでいうと、ＢＣＰ（事業継続計画）が前面に出てきていて、ＢＣＰをやっていればレジリエンスみたいになってしまっているところがあるのですが、僕としてはその点において懐疑的なんです。ＢＣＰは、あくまで今のビジネスを前提として有事の際のバックアッププランをつくりましょうということだと思うのですが、レジリエンス経営はもう少し上位概念であると考えています。

今のビジネスが今のマーケット環境に合致しているかいないか、合致していないとすればどこに改善余地があるのか、ハードだけでなく、ソフトをどのように変えていくともっとしなやかになれるか、こうしたことを考えられるのがレジリエンス経営だと思っています。

現行のＢＣＰの枠にとどまることなく、もう少し未来志向型のマイオピアに陥らないような広い視点が大事ではないかと思っています。

■バリュー・チェーンの維持のために〜所有からシェアへ、〃レジリエンス・コミュニティ〃〜

O：我々のようなマーケティングやビジネスを学んでいる人間にとって、組織が持続するためには何が必要であるのかを考えた時に、バリュー・チェーンを止めない、途絶えさせないことがすごく大事だと考えます。

例えば、東日本大震災でも経験したことですが、原材料や部品の調達先が特定のエリアや会社に偏ってしまうと、そこが被災した際にはバックアップができない。製品の加工においても、工場本体が被害にあうと生産がストップしてしまう。そしてその先にある、完成した製品を流通させるためのチャネルや物流も燃料がないために、必要な所に震災時には運ぶことができなかったりした。

だからこそ、通常のバリュー・チェーンに加えて、プラスアルファでどれだけバックアップできる体制づくりをするかが絶対必要だと思います。

M：そのバリュー・チェーンも、インソーシングやインハウスのように、一つの会社の中で製造も販売も行うようなところでは、物理的なリスク回避ができないと僕は思っています。

熊本だけでなく東京にも会社をつくっておいてとか、エリアを変えて複数の会社をつくっておくことはできるけれど、これはいたちごっこになってしまう。日本にいる限り、どこにおいても災害が起こらない保証などないじゃないですか。

つまり、バリュー・チェーンをインハウス化させてワンストップで自社内完結するという前提が、今、

崩れつつあるのかなと思っています。昨今、〝シェアリングエコノミー〟とか〝所有からシェアへ〟といった時代の流れがありますが、ビジネスプロセスそのものもシェアしていって、ゆるやかな〝連帯環境〟をつくることが、本当の意味でのバックアップにつながるのではないかと。今回この本の中で〝レジリエンス・コミュニティ〟とか、〝ゆるやかな連帯〟という表現をしているのですが、ここにレジリエンス経営のカギがある気がしています。

また、経験則もあるのですが、資本関係で会社同士をしばりきると、逆に〝硬直性〟が生まれて、このプロセスはうちにしかできないとか、このプロセスはうちのものだとか、このプロセスはうちはやらない、といった、いわばビジネスの縄張り争いのような関係になってしまうこともあるので、資本関係がなく、ゆるやかにファンクションベースで依存し合える関係というのが、抽象的ではありますが、実はすごくレジリエンスな考え方に近いような気がしています。

バリュー・チェーンの維持だけのために、それを物理的な部分でバックアップをするだけではなくて、地域やコミュニティを含めて連携していくというのが、僕は重要かなと思っています。

O：その〝レジリエンス・コミュニティ〟という考え方はおもしろいですね。

Ｍ：僕が代表を務めているコソーシング事業会社、具体的にはセールスやマーケティング代行を中心としている会社では、これまで２０００社を超す企業様と関わってきましたが、災害時に取引先企業の本社が営業機能をなくしても、うちが代わりに営業やマーケティングをすることで事業を継続でき、逆にうちのコールセンターが被災したとしても、提携先のコールセンターがその内容を引き継いで継続できる仕組みになっています。

　もちろん最低限の契約関係はあるものの、そこに資本性はないので、お互いしばられることもありません。これこそゆるやかな連携であり、柔軟性があり、いわば水のように、いかようにもなれる。例えると、蜘蛛の糸のように、メッシュになっていて、クッション性があるみたいな、こういうイメージがレジリエンス経営かなと思っています。

　加えて、僕の考えるレジリエンスのあるべき姿というのが、もう少し理念的なもので、どちらかというと企業価値観の社内外コミュニケーションみたいな部分が重要な気がします。もちろん、ＢＣＰとかＢＣＭもありきではあるのですが、それはレジリエンス経営をつくる上でのメソッドの一つでしかないかと。

　多くの会社では、うちの会社は社会に対しこれをするという「ぶれない軸」を決める。その決めている軸が有事で存続性に疑義が出る場合、いかなる手段を使ってで

も、事業存続のために柔軟な判断によって守っていかなくてはならない。でも、食料を配給するにしろ、津波から非難するにしろ、有事とは想定外の事象です。現行の事業を前提にしたＢＣＰやマニュアル等は大切といえど、そもそもビジネスプロセスが有事で歪められるならば、バックアップメソッド自体も変化するもの。その時に大切なのが事業理念だと考えます。自分たちは何故存在し、どこに向かおうとしているのか。その軸がぶれなければ、事業は必ず存続します。なにか有事が発生した時に、企業の価値観とか理念とかの「ぶれない軸」を守るためにコミュニケーションをどのようにしていくかを考えるということが、究極のレジリエンス性だと思っていて、企業価値観の正しい浸透と、社内外にきちんと共有するコミュニケーションの仕組みを作ることが重要だと思います。

■時代とともに変化するビジネスモデルとレジリエンス

Ｏ：松田さんが今、すごいと考える会社はありますか？

Ｍ：この本の中でいくつかコラボレーション事例を取り上げてはみて初めて学んだのですが、コラボレーションが経営としての柔軟性を生むケースが沢山ありました。コラボレーションによって機会収益が生まれ、平時においても企業活性につながったデータはいくつもあります。

例えば、ＧＵＣＣＩというブランドが「ジョジョの奇妙な冒険」という漫画の荒木飛呂彦さんと組んだ事例があるのですね。ＧＵＣＣＩの掲げる「表現を最高のものにする」という企業理念が荒木さんの表現・理念性に共感し、コラボが実現したという非常にユニークなケースです。一見すると互いに全く違うところが、コラボによって話題性を生み、双方の収益に貢献した好例だと思います。ＧＵＣＣＩに限らず、最近、いろんな会社がアニメ、漫画ゲームといったコンテンツ業界とコラボしているケースが多いのですね。これはまさに、企業活性によって、顧客シェア、ブランドシェア、価値観のシェアがこれからも広がっていくことの証左だろうと思います。

従来は、バッグやカバンを作れば良かったわけです。でも今や、それでは時代遅れ。本当の意味で企業の理念・意義とは何か。そして、その本質を表現するのに最適なパートナーは誰か。こうした発想を持つことが、平時においてもサスティナビリティを維持するポイントであり、まさにこれは、新しい企業価値の必要性が求められている結果かと思っています。

Ｏ：レジリエンスって今更ですよね（笑）。今日では、当たり前じゃないですか。

マーケティングとかビジネスには、成長ベクトルという枠組みが前提にあって、企業は常に成長発展を求めてきた。ところが、最近ビジネスモデルそのものが大きく変わってきていて、これまでの理論では説明できないのです。

例えばパナソニック、東芝などは、かつてプロダクト（製品）として蛍光灯を売って対価を得ていた。しかし、今は蛍光灯やＬＥＤのプロダクトを低コスト化や省エネ化のソリューションとしてセットで提供し、プロダクトそのものの対価ではなくサービスの対価としてお金を受け取っているのです。

これは非常に分かりやすい例ではあるのですが、今は多くの企業がサービス化という言葉を用いて、単なるプロダクトではなくサービスをセットにして販売するという新しいビジネスモデルを生みだしている。これは経営学者の Ｉ・アンゾフの成長マトリクスではうまく説明できない事象です。昔と違って環境そのものが大きく変化するわけだから、かつてのように一直線で成長できる時代ではないですよね。

Ｍ：ビジネスモデルがプロダクトからサービス化されているということは、非常に共感します。思うにビジネスモデルの変容に貢献した一つのドライバーとして〝クラウド化〟という概念は大きいと思っています。

今までＩＴの世界では、物理サーバーがあって、自分の所有するブロックがあって、そこをセキュア＝安全にして情報漏えいしないようにというように、内向きな個人の所有の取り組みが前提であったけれど、クラウドは〝シェア＝共有〟であり、内向きはやめてみんなでシェアした方が楽だからシェアしようという発想になってきているのですよ。

個人のライフスタイルを見ても、物理空間で限りある資源を使う生活から、一日の大半をネットやメールやＳＮＳなど、パソコンに向き合い、クラウド化された情報空間で過ごす時間が増えていることも、ライフスタイルの変化に大きな影響を与えている気がしています。

Ｏ：レジリエンスだけに限らないかもしれませんが、今のビジネスではシェアが大きなキーワードになっていますね。

もう一つはコミュニティです。シェアとコミュニティ。

M‥別の切り口のキーワードとして僕が広い視点で見ているのは、多分、これからって遊びの時代が来るのかなと思ってるんです。

20世紀は労働と資本の時代だと言われてきましたが、これから人工知能とかIoTといったいろんな技術が出てくると、人間が働かなくても食べていけて、余計な労働をしなくても良くなる。その結果、余った時間は文化的価値だったり、芸術だったり、コピーできないものに時間を使うようになって、めちゃくちゃ非効率なことに時間を投じていく。この究極の形態は遊びでしかなくて、21世紀は「人と遊びの時代」と僕は思っています。

人間が人間らしく、極めてムダなことをし続けて、非効率的なことに価値を感じるようなエコノミーシフトが来るのではないかと。それがソーシャルメディアだったり、人と人、CtoCみたいな現象に表れているのだと。結局、世の中で一番おもしろい対象物は人間であって、人間と遊んだ方がおもしろいよね、という潜在的なムーブメントが、僕らが気づかないうちに起こっていて、もはやBtoBとかBの存在がなくなっていくと、最終的には、株式会社という存在すらも、なくなっていくと思っています。

株式会社という制度がなくなっても、以前お話ししてたＬＬＰ（Limited Liability Partnership＝有限責任事業組合）のような、コミュニティベースでビジネスやリソースをシェアした方が、余計な税金も保険料もかからないような形になっていく気がしています。この現象が加速することで、国家の企業化が現実になっていくのだろうなと。ＬＬＰやコミュニティというあり方は、まさに国家の企業化、最終形態だと考えています。

国家の企業化とはつまり、国家が組織として国民をマネジメントするのではなくて、国家がいろんな技術を統合して企業経営的発想として自立し、効率化を追求すると、たぶん組織はいらないという発想になる。結果として、全員が独立事業主として自立し、Ｃ to Ｃコミュニティみたいな形でつながっていく。最近マーケットを席巻しているアプリで、メルカリというユーザー同士の取引を仲介するフリーマーケットアプリがある。Ｃ to Ｃのビジネスが流行っていますが、これこそが、個々人をつなぐ、ソーシャルコミュニティの最適例だと思っています。

■レジリエンスな企業とそうでない企業の未来とは、ヒト・モノ・カネ、そして情報とブランドという５つのファクトから考える。

Ｏ：レジリエンスな企業とそうでない企業の未来とはというテーマについて考えてみましょう。

M：答えはとてもシンプルで、近視眼的なマイオピアに陥らず、中長期的に理念を軸に組み立てて柔軟な発想を持つ企業は純粋に生き残り、そうでない企業は硬直化してつぶれていく時代が来ているのだと思っています。

例えば、東芝とかシャープといった大企業が不祥事を起こしたことは記憶に新しいと思います。この不祥事の主因は組織の硬直化にあると思っています。彼らは、シェアとかアライアンスの重要性が頭から抜け落ちていて、全部自分たちで完結する（独り占めする）インソーシングを良しとした。結果として、組織が硬直化し、違法行為にまで手を染める結果となってしまった。インソーシングの一番ダメな例ではないかと。

なぜこんなことになってしまったか、というと、企業価値観の共有が歪んでコミュニケーションされてしまっていることに要因があると思うんです。

これからますますコーポレートガバナンスとかガバナンスコードを投資家から厳しい目で見られることになるので、一瞬の判断ミスで大企業がダメになってしまうことを想像すると、中小企業に限らず、大企業こそ、レジリエンス経営の発想は必要になってくると思います。

O：レジリエンスというと、非常時だけでなく平時からの対策も重要なポイントになります。平時からのレジリエンスの取り組みが、震災とか集中豪雨とか防げないものが来たとしても役に立つ。

M：おっしゃる通り、平時の時からあらゆるバックアッププランを考えておくことが必要で、その実現に向けて、常に事業理念に立ち返りながら、あるべき姿を描き、未来志向で組織体やビジネスプロセスをどんどん切り替えていくべきだと思います。

O：ブランド論になりますが、コカ・コーラのある幹部のフレーズで「たとえ、明日、我が社の工場が灰燼《かいじん》に帰しても私たちは存続できる。それはブランドがあるからだ」という言葉がある。非常に強いブランド力があれば、大きなトラブルに直面してもビジネスは存続できる。

もちろんブランドだけではないと思います。シェアとコミュニティとブランドもあって、レジリエンスだと僕は思います。全てなくなっても、たとえ工場が壊滅して全部なくなっても、ブランドは存続できるものなのです。

他にも、醤油の老舗メーカーのある幹部が、「ネームとシンボルマーク、あれが使えなくなったらうちは1年もたない」って冗談で言っていた。

そのくらい、有名企業はブランドを大切にしているし、依存もしている。そういう会社って非常に多いと思うんです。

M：おもしろいですね。

確かにブランドが残っていれば、リソースは社会に余ってるじゃないですか。そのリソースを組み立て直せばコカ・コーラの工場は復元できるわけですよね。でも、ブランドがなければ復元できないわけですから。

ですからブランドマネジメントは、レジリエンス経営と近いわけですよね。

ということは、レジリエンス力をあげるためにマニュアル化するっていうのは入り口の入り口であって、そもそも自社のブランドが何なのかっていうことを考えると、企業価値観をベースにした社内外コミュニケーション、言い換えれば、創業理念とか事業理念のような理念性に必ずいきつきますよね。

自分たちの会社にとっての理念のコアは何で、経営プロセスの中のコアはどこかを探し、そこに集中的にリソースを投下しながら他の経営プロセスをネットワーク的にシェアしていく。こうした仕組みがレジリエンス経営の要諦な感じがします。

O：そうですね。だから先程の話につながりますが、社会的に問題を起こした場合、ブランドが傷つくというより、ブランド価値そのものがくつがえってしまう。そうなるともう、修復不能ですね。

M：今回、原稿を書いていく中で、レジリエンス経営の本質を徹底的に考えました。結論、多角的に考えても、どう考えても、レジリエンス経営を突き詰めていくと、企業と社会の接点の見直しにしかならない。

企業はビジネスを手段として展開をしていて、何か社会に対してやろうとしてたことがあったはず。それを持続しようとすることがレジリエンス性だと考えると、事業理念に必ず回帰してくるものだという考えが漠然とあったんです。今までは、組織が硬直化しようが、インソーシングで競い合うことが許された時代だった。でも、時代は変わったのです。今は時代・インフラの変化も早いので、他とアライアンスを組んでいった方が、ブランドの回復力だったり、ブランドの価値の復元力があがってきている。だから、シェアリングエコノミーとか所有からシェアへの話になってきているのかなと。

O：ヒト・モノ・カネ、そして情報、ブランドと言う5つのファクターがある。順番としてはヒト・モノ・カネは3つセットで昔からあって、それに情報が加わって、ブランドが加わっていった。とすれば、レジリエンスを考える時にも、優先順位を考えた方がいい。

要するに、モノは置き換えられるわけですよ。松田さんのいうシェアってまさにモノを置き換えるっていう発想ですよね。さらに、ヒトも場合によってはある程度置き換えられる。カネは調達が可能。けれど簡単に置き換えられないのがブランドであって、それを支えるのが情報かもしれないと思うのです。

M：それはすごい、ありがたいヒントです。

20世紀はヒト・モノ・カネのまさに労働と資本の時代でしたが、21世紀は人と遊びの時代というか、ヒト・モノ・カネよりは情報とブランドにバリュー・チェンジしているという考えで。そうだとしたらそこに集中的にリソースを投下して自社の大切なものを持続することがレジリエンスだという話です

ね。

そうなるとＢＣＰとＢＣＭだけでは材料的に不足してしまうので、もう少し発展的なものをつくりたいと思っています。

今日はありがとうございました。大変勉強になりました。

おわりに

レジリエンスという概念は広い。そして新しい。新しい概念は可能性に富み、一つの概念は国富を劇的に改善しうる。思いに人は動かされ、人が変われば国家が変わる。元は心理用語であったこのキーワードが、「レジリエンス・コミュニティ」として普及されるに伴い、その可能性に惹かれるとともに、経営にフォーカスをしたレジリエンスの概念性を整理したい、そんな思いで、本書では多角的な視点から『レジリエンス経営』についての議論をさせていただいた。ここで改めて、章別に本書の議論を振り返ってみたい。

第1章では、BCP／BCMの概念を確認しながら、レジリエンス経営との接点を探った。続く第2章では、激変する外的環境、散見される大企業の不祥事を取り上げ、強くしなやかな組織として、改めて「ぶれない軸」と「柔軟性」がカギであり、その両輪はどちらも欠くことができないことを議論した。また、両輪を維持するためには外部企業との緩やかな連携が互いの経営プロセスの「刺激」「牽制」となることを示唆し、その手法としてLLPという組織形態の特徴を取り上げた。

第3章においては、レジリエンス経営の要諦は「ぶれない軸」と「柔軟性」にあると定義づけ、「コソーシング」という戦略的協業スタイルが、レジリエンス経営の有効性に関連性が高いことを議論した。合わせて、コラボレーションの事例についても紹介した。第4章ではコソーシングの具体事例を取り上げ、第5章ではテクノロジーの驚異的な進化に触れながら、レジリエンス経営実践に向けた具体的なステップを示唆した。以上の議論を受け、第6章では現代マーケティングの第一人者であられる早稲田大学・恩藏直人教授と対談を行い、コーポレートマーケティングとレジリエンス経営の接点を検証した。

第5章末尾でも触れた、内閣府主導の「国土強靭化貢献団体」の認証制度にも携わる人間として、現行の「ナショナル・レジリエンス」という国策の有効性に触れつつも、更なる深掘りを行い、改善可能性を示唆するプロセスは、なかなか骨が折れる作業であった。

一方、実業家という自身の経験則から考慮した時に、企業の存続・復旧を阻む要因は、有事・災害時における物理的障害のみならず、ソフト面の要因も多分に含まれることが多いことは日々痛感しており、ハード面・ソフト面、両輪を見据えたレジリエンスの検証はかねてより切望していた。「物質的・物理的事象のみ」を想定して対策を設えるのに加え、事業理念、企業価値観、コミュニケーションといった視点から、精神的・組織風土的事象も視野に入れ、「強くしなやかな企業づくり」に資する議論は、十分な意義があると感じていた。

例えば本書で取り上げた「ブラック企業問題」や「自爆営業」といった重大なコンプライアンス違反。こうした、一見すると有事対策と関連性が薄く感じる「人的障害」も、レジリエンス経営を阻む重大な阻害要因となる。物理的障害からの復旧プロセスを精緻にマニュアル化していたとしても、風通しの悪い組織、歪んだ組織に従事し続けた人間が、有事において適切な対応を取ることができるかは大いに疑問が残る。

平時においても有事においても、事業の中心にいるのは人間だ。社会課題に疑義を持ち、事業としての意義を模索し、人が集まり広がりを見せる。如何なる事業もその中心には人間がいて、人間がその強みをしっかり発揮できる組織でなければ、レジリエントとは言えない。レジリエンス経営の主体は人間であり、人間こそがフォーカスされるべき対象である。物理的・物質的ルール（マニュアル）で動くほど人は単純な存在ではない。人間には心があり、思いがある。大切にする価値観があり、守るべき善意がある。人間の価値観に重きをおき、人間の思いをしっかりとくみ取った組織こそ、平時においても有事においても、「強くしなやかな」組織になる。

レジリエンス経営の要諦が「ぶれない軸」と「柔軟性」にあることは再三指摘してきたが、その行き着く先はブランドアイデンティティの考察、ブランドマネジメントに行き着くのかもしれない。その企業は何のために存在し、何を目指して生きるのか。根源的で、本質的なこの問いから逃げることなく、企業価値を追求し続ける姿勢の先に、その事業の最も重要なコア・コンピタンスが浮かび上がる。これはつまり、その企業の存在意義だ。そして、この存在意義が社内外から共感できる人間を集め、企業の強さが高まっていく。企業の強みが重なり合い、強くしなやかな組織体は生まれる。自前主義にこだわることなく、無責任に丸投げすることもない。経営プロセスを共有し、互いの強みを補強し合う。確固たる価値観に基づき共に事業を促進していく。ブランドアイデンティティの追求は、組織の内なる本質を導き、その本質は組織のコアプロセスを紡ぐ。コアプロセスは外部企業との連携可能性を示唆し、価値観が噛み合う企業との連携が、レジリエンスな経営を導く。

ヒト・モノ・カネという代替が利く機能が経営者に重視される時代は終わり、情報・ブランドといった代替の利かない機能に重きがおかれる時代が始まる。「資本と労働」の時代は終わり、「人と遊び」の時代が始まる。「働かざるもの喰うべからず」が、「働かずとも喰うに困らず」となり、余剰の時間を文化や芸能、伝統行事に時間を割くことになる。事業モデルが乱立する乱世の時代は終わり、本来不要なファンクションは機械が取って代わり、人間には人間にしかできない事業が残されることになる。技術が変わり、インフラが変わり、働き方が変わるこうした時代においては、事業モデルは文化や伝統に回帰されていく。そして、そんな時代に最もリスペクトと共感を受ける国は、言うまでもなく我が国、日本である。

万世一系という「ぶれない軸」を有しながら、英語・ひらがな・カタカナという言語、仏教・神道・キリスト教入り交じる「柔軟（多様）」な宗教観を紡ぐ我が国こそ、レジリエンス経営のモデル国として誇るべき要素を持っているのではないか。

国体思想家として有名な田中智学は、ドイツのシュタイン博士という著名な国法学者が明治の政治家・海江田信義に語った言葉を基に、自身の著書でこう語った。

「そんな立派な歴史があればこそ東洋の君子国として、世界に比類のない、皇統連綿万世一系の一大事績が保たれているのである。世界の中にどこか一カ所ぐらい、そういう国がなくてはならぬ、というわけは、今に世界の将来は、段々開けるだけ開け、揉むだけ揉んだ最後が、必ず争いに疲れて、きっと世界平和を要求する時が来るに相違ない。そういう場合に、仮りに世界各国が聚《あつま》ってその方法を講ずるとして、それには一つの世界的盟主をあげようとなったとする、さていかなる国を推して『世界の盟主』とするかとなると、武力や金力では、足元から争いが伴う、そういうときに一番無難にすべてが心服するのは、この世の中で一番古い貴い家ということになる、あらゆる国々の歴史に超越した古さと貴さを有ったものが、だれも争い得ない世界的長者ということになる、そういうもんがこの世の中に一つなければ世界の紛乱は永久に治めるよすががない。果たして今日本の史実を聞いて、天は人類のためにこういう国を造って置いたものだということを確かめ得た」

（田中智学著『日本とは如何なる国ぞ』、〈1928年〉より引用、原文）

本書を通じ、レジリエンス経営の更なる在り方が議論され、我が国がその第一人者としてレジリエンス経営のモデル構築に資するとすれば、著者冥利に尽きる次第である。

末筆となるが、本書の出版に至るまで、執筆・編集には数え切れない方々のご協力をいただいた。ここに深く感謝申し上げたい。

蝉時雨の賑やかなる季節にて。

松田元

松田 元 （まつだ・げん）

アズホールディングス株式会社 代表取締役
株式会社デジタルデザイン（東証 JDQ:4764）取締役
武蔵野学院大学 講師

1984 年 2 月 11 日生まれ。早稲田大学商学部卒。大学在学中より学生ベンチャーを創業。複数のベンチャー役員を経て、卒業目前の 2006 年 2 月、アズ株式会社を創業。「フリーター」や「挫折経験のある人間」を積極採用し、独自の研修プログラムで即戦力へと変える「人財」育成を実施。延べ 1900 社以上の営業支援プロジェクトを完遂するとともに事業会社の立ち上げと M & A を次々と実施。中国・香港法人も含め、関連会社 27 社の創業・経営に携わり、自身では多くの経営者のアドバイザーも務めている。

2015 年 1 月、株式会社デジタルデザイン（東証 JDQ:4764）の経営に参画、取締役に就任。その後、戦略子会社 DD インベストメント株式会社の代表取締役に就任。ハンズオン型の事業スキームを駆使し、地方創生事業を推進している。

その他、大学講師や講演家、投資家、ベストセラー作家など多くの異なる側面を持ち、2016 年 2 月には衆議院予算委員会最年少公述人として国会に登壇するなど、幅広く活動している。

レジリエンス経営《けいえい》のすすめ

2016年9月22日　第1刷発行

著　者　松田《まつだ》 元《げん》
編　者　一般社団法人レジリエンスジャパン推進協議会
編　集　前野茂雄
発行者　落合英秋
発行所　株式会社 日本地域社会研究所
〒167-0043　東京都杉並区上荻1-25-1
TEL　(03)5397-1231(代表)
FAX　(03)5397-1237
メールアドレス　tps@n-chiken.com
ホームページ　http://www.n-chiken.com
郵便振替口座　00150-1-41143
印刷所　中央精版印刷株式会社

ISBN978-4-89022-188-2